ESCRITOS POLÍTICOS

FRANTZ FANON

ESCRITOS POLÍTICOS

Tradução: Monica Stahel

© Desta edição, Boitempo 2021
© Frantz Fanon, Editions La Découverte, Paris, 2015, 2018

Traduzido do original em francês "Écrits politiques"
em *Écrits sur l'aliénation et la liberté* (Éditions La Découverte, Paris, 2015)

Direção-geral Ivana Jinkings
Edição Pedro Davoglio
Coordenação de produção Livia Campos
Assistência editorial Carolina Mercês
Tradução Monica Stahel
Preparação Mariana Echalar
Revisão Carolina Hidalgo Castelani
Capa e xilogravuras Edson Ikê
Diagramação Antonio Kehl
Fotos Wikimedia Commons

Equipe de apoio Artur Renzo, Camila Nakazone, Débora Rodrigues, Elaine Ramos, Frederico Indiani, Heleni Andrade, Higor Alves, Ivam Oliveira, Jéssica Soares, Kim Doria, Luciana Capelli, Marcos Duarte, Marina Valeriano, Marissol Robles, Marlene Baptista, Maurício Barbosa, Raí Alves, Thais Rimkus, Tulio Candiotto

CIP-BRASIL. CATALOGAÇÃO NA PUBLICAÇÃO
SINDICATO NACIONAL DOS EDITORES DE LIVROS, RJ

F215e

Fanon, Frantz, 1925-1961
Escritos políticos / Frantz Fanon ; tradução Monica Stahel. - 1. ed. - São Paulo : Boitempo, 2021.

Tradução de: Écrits politiques em Écrits sur l'aliénation et la liberté
"Inclui cronologia e informações sobre o autor"
ISBN 978-65-5717-027-4

1. Imperialismo. 2. Colonização. 3. França - Colônias - África. 4. Movimentos anti-imperialistas. 5. Liberdade. 6. Ensaios franceses. I. Stahel, Monica. II. Título.

21-70484   CDD: 844
     CDU: 82-4(44)

Camila Donis Hartmann - Bibliotecária - CRB-7/6472

É vedada a reprodução de qualquer
parte deste livro sem a expressa autorização da editora.

1ª edição: maio de 2021
1ª reimpressão: abril de 2023

BOITEMPO
Jinkings Editores Associados Ltda.
Rua Pereira Leite, 373
05442-000 São Paulo SP
Tel.: (11) 3875-7250 / 3875-7285
editor@boitempoeditorial.com.br
boitempoeditorial.com.br | blogdaboitempo.com.br
facebook.com/boitempo | twitter.com/editoraboitempo
youtube.com/tvboitempo | instagram.com/boitempo

Sumário

Prefácio: A política dos "escritos políticos" de Frantz Fanon – *Deivison Mendes Faustino* 9

Introdução – *Jean Khalfa* 25

A Legião Estrangeira desmoralizada 31

Independência da Argélia, a realidade de todos os dias 39

Independência nacional, a única solução possível 41

A Argélia e a crise francesa 49

O conflito argelino e o anticolonialismo africano 55

Uma revolução democrática 61

Mais uma vez, por que a precondição? 67

A consciência revolucionária argelina 73

Estratégia de um exército encurralado 75

Os sobreviventes da terra de ninguém 79

O testamento de um "homem de esquerda" 83

A lógica do ultracolonialismo 85

O mundo ocidental e a experiência fascista na França 91

As ilusões gaullistas 95

O calvário de um povo 103

A expansão do movimento anti-imperialista e os retrógrados da pacificação 111

O combate solidário dos países africanos 119

Escuta, homem branco!, de Richard Wright 123

Em Conacri, ele declara: "A paz mundial passa pela independência nacional" 127

A África acusa o Ocidente 131

Os lacaios do imperialismo 139

Carta a Ali Shariati 145

Cronologia 149

Sobre o autor – *Jones Manoel* 155

Prefácio
A política dos "escritos políticos" de Frantz Fanon

Deivison Mendes Faustino

O livro que apresentamos é, junto com o célebre *Em defesa da revolução africana**, um dos mais preciosos registros do pensamento vivo de Frantz Fanon (1925-1961). Escritos sob o calor explosivo das lutas de libertação argelina, os textos aqui reunidos exprimem o desenvolvimento do pensamento do autor, desde *Pele negra, máscaras brancas* até seu último livro, *Os condenados da terra*.

É verdade, como já foi discutido em outro lugar[1], que a tese de uma fragmentação entre um jovem Fanon, supostamente um "pequeno-burguês fenomenológico", em *Pele negra*, e um Fanon "maduro" e "revolucionário", em *Os condenados da terra* – como argumentou Cedric Robinson[2] –, não sobrevive a uma análise exegética do conjunto de escritos produzidos ao longo da curta vida do autor. Essa aparente divisão tem origem na forma como o pensamento fanoniano foi recebido internacionalmente após a sua morte prematura. O pan-africanismo anti-imperialista por ele defendido encontrou eco especial em um terceiro-mundismo anticolonial que se estruturava a partir do espírito da Conferência de Bandung[3] e, portanto, sua contribuição passou a ser equacionada a partir desse filtro.

---

*   Trad. Isabel Pascoal, Lisboa, Sá da Costa, 1980. (N. E.)
[1] Deivison Faustino, *Frantz Fanon: um revolucionário particularmente negro* (São Paulo, Ciclo Contínuo, 2018).
[2] Cedric Robinson, "The Appropriation of Frantz Fanon", *Race and Class*, v. 35, n. 1, 1993, p. 79-91.
[3] A Conferência de Bandung foi uma reunião intercontinental de 23 países asiáticos e 6 países africanos realizada entre 18 e 24 de abril de 1955 em Bandung, na Indonésia. O Terceiro Mundo, o colonialismo, o imperialismo e as independências nacionais foram

Adicione-se a isso a fama internacional conferida a *Os condenados da terra* pelo prefácio de Jean-Paul Sartre e, em especial, o destaque oferecido pelo filósofo francês ao tema da "violência revolucionária" no pensamento de Frantz Fanon. Essa reputação lhe reservou um lugar de destaque entre a esquerda revolucionária e/ou terceiro-mundista da época, colocando-o ao lado de nomes como Ho Chi Minh, Mao Tsé-tung e Che Guevara. (Esse destaque, no entanto, resultou em um silêncio impactante a respeito de outros temas presentes no referido livro e, sobretudo, a respeito de outras obras do autor.) Ocorre que, posteriormente, quando as transformações sociais, ideológicas e políticas mundiais resultaram em uma perda de hegemonia das perspectivas revolucionárias na teoria social de esquerda[4], o pensamento de Fanon foi desaparecendo do espectro intelectual internacional ou lembrado, no máximo, como um conjunto de contribuições marcadas por um tempo e um espaço que já não existiam mais[5]. Esse ostracismo só foi rompido com a emergência do chamado *pensamento pós-colonial* no fim do século XX. O pensamento pós-colonial foi uma vertente da nova esquerda britânica que recolocou a questão colonial na ordem do dia – fundindo os estudos culturais que partiram de Williams e Thompson, os estudos subalternos sul-asiáticos, o pós-estruturalismo francês e a filosofia da diferença, a partir de nomes como Stuart Hall, Homi Bhabha, Gayatri Spivak, Avtar Brah, entre outros.

Essa retomada de Fanon, no entanto, efetivou-se a partir de uma inversão na eleição de qual de suas obras seria a mais relevante. "Se *Os condenados da terra* era o livro da época da práxis revolucionária, de *Pele negra, máscaras brancas* pode dizer-se que é um dos livros de cabeceira da viragem

---

os temas que se destacaram durante a conferência, influenciando importantes pensadores do pós-guerra, entre os quais Frantz Fanon e os revolucionários argelinos.

[4] Refiro-me à chamada "crise de paradigmas das ciências sociais" com a emergência de "novos" sujeitos sociais e suas implicações teóricas e epistêmicas. Ver João E. Evangelista, *Crise do marxismo e irracionalismo pós-moderno* (São Paulo, Cortez, 2002) e Avtar Brah, "Diferença, diversidade, diferenciação", *Cadernos Pagu*, n. 26, 2006, p. 329-76. Disponível em: <https://www.scielo.br/pdf/cpa/n26/30396.pdf>.

[5] Anthony C. Alessandrini, "Introduction: Fanon Studies, Cultural Studies, Cultural Politics", em *Frantz Fanon: Critical Perspectives* (Londres, Routledge, 1999).

pós-colonial no pensamento contemporâneo"[6]. Stuart Hall chegou a se perguntar, em uma conferência realizada no Institute of Contemporary Arts and International Visual Arts, em 1995: "Por que Fanon? Por que agora? E por que *Pele negra, máscaras brancas*, na retomada póstuma de Fanon?"[7]. A resposta dada por ele é que *Pele negra* tratava de temas que estavam sendo amplamente discutidos naquele período, como desejo, subjetividade e identificação.

O grande problema dessa fragmentação arbitrária do pensamento de Fanon é que, além de expressar uma disputa exógena a ele[8], acaba por obliterar justamente o que ele tem de mais original e radical: seu caráter de *oximoro*. O termo emprestado da linguística, mobilizado pelo filósofo ganense Ato Sekyi-Otu[9], tem a pretensão de indicar a síntese dialética de elementos aparentemente contrários, como a subjetividade e a objetividade, a cultura, a economia, o desejo. Essa articulação se aproxima daquilo que György Lukács definia como mediação entre a singularidade, a particularidade e a universalidade humana[10]. Isso permitiu a Fanon tematizar a *filogenia*, a *ontogenia* e a *sociogenia* da experiência psíquica sob a sociabilidade colonial[11], a partir de uma crítica do racismo, do eurocentrismo e do capitalismo, entendidos como partes constituintes de um complexo de complexos reciprocamente determinados.

---

[6] Achille Mbembe, "A universalidade de Frantz Fanon", *Centro de Estudos Comparatistas*, 2012.

[7] Stuart Hall, "The After-Life of Frantz Fanon: Why Fanon? Why Now? Why *Black Skin, White Masks*?", em Alan Read (org.), *The Fact of Blackness: Frantz Fanon and Visual Representation* (Londres, Institute of Contemporary Arts and International Visual Arts, 1996), p. 12-37.

[8] Deivison Faustino, *A disputa em torno de Frantz Fanon: a teoria e a política dos fanonismos contemporâneos* (São Paulo, Intermeios, 2020).

[9] Ato Sekyi-Otu, *Fanon's Dialectic of Experience* (Londres, Harvard University Press, 1996).

[10] György Lukács, *Introdução a uma estética marxista: sobre a categoria da particularidade* (trad. Carlos Nelson Coutinho e Leandro Konder, Rio de Janeiro, Civilização Brasileira, 1978).

[11] Ver Frantz Fanon, *Pele negra, máscaras brancas* (trad. Renato da Silveira, Salvador, Edufba, 2008).

A originalidade de Frantz Fanon está, pois, em primeiro lugar, em evidenciar os elementos psíquicos, ideológicos e subjetivos que compõem a violência objetiva da dominação e exploração colonial, mas, acima de tudo, a centralidade do colonialismo para o movimento desigual e combinado de universalização do capital. Se Karl Marx reconheceu a importância do colonialismo para a acumulação primitiva de capital[12], Fanon, que foi testemunha ocular da colonização empreendida pelo capital monopolista e, sobretudo, do neocolonialismo, se colocou do lado da análise histórica dissonante de Rosa Luxemburgo para argumentar que as conquistas coloniais de povos não europeus e a consequente subordinação de sua sociabilidade ao modo de produção capitalista tiveram como função não apenas a universalização do capital, mas também a criação de zonas "externas" de transferência das principais contradições capitalistas para a sua periferia, permitindo, assim, uma "gestão" domesticada da luta de classes nos centros. A violência colonial, portanto, não foi exclusividade do período inicial de desenvolvimento capitalista, mas seguiu atuando como elemento fundamental e historicamente determinado nas demais fases da acumulação – especialmente a partir da emergência do capital monopolista[13].

Sem as colônias, como principais depositárias das contradições sociais criadas pela ordem do capital, a gestão burguesa da luta de classes nos centros não seria possível. Essa transferência, no entanto, seria inviável – tanto nas colônias quanto nos centros capitalistas – sem a existência do racismo, da racialização e de todo um complexo ideológico de dominação, com efeitos sobre a psique, a cultura e as formas de existir do colonizado. São esses dois

---

[12] Ver Karl Marx, "A teoria moderna da colonização", em *O capital: crítica da economia política*, Livro I: *O processo de produção do capital* (trad. Rubens Enderle, São Paulo, Boitempo, 2013), p. 836-8.

[13] Paris Yeros e Praveen Jha argumentam que as revoluções independentistas africanas e asiáticas empreendidas sob o "espírito de Bandung" foram um dos fatores primordiais da crise de lucratividade e do desmoronamento do "*Welfare State*" keynesiano" nos centros capitalistas. Paris Yeros e Praveen Jha, "Neocolonialismo tardio: capitalismo monopolista em permanente crise", em *Agrarian South*, 2020. Disponível em: <http://www.agrariansouth.org/2020/05/27/neocolonialismo-tardio-capitalismo-monopolista-em-permanente-crise/>.

movimentos, bem como sua articulação dialética na realidade concreta, que Fanon acusa de não serem entendidos adequadamente pela esquerda democrática e socialista europeia e seus satélites localizados na periferia capitalista. Boa parte dos artigos aqui apresentados vai, pois, na direção dessa constatação.

É interessante observar, nesse sentido, que a crítica intransigente de Fanon à esquerda é sempre uma crítica que exige o melhor dela, e não a recusa ou rompe com ela. Ainda assim, é possível perceber tanto nos *Escritos políticos* quanto em *Em defesa da revolução africana* a denúncia do eurocentrismo que lhe constituía[14]. Esse eurocentrismo se expressa tanto na importação de análises europeias para as colônias, fato que impediria a análise concreta da situação concreta, quanto a sua pretensão de tutelar as lutas de libertação.

Encontramos em *Escritos políticos*, portanto, uma ponte fundamental entre *Pele negra* e *Os condenados*, que evidencia a continuidade de preocupações que já haviam sido esboçadas no primeiro livro, mas não encontraram possibilidade de solução na realidade concreta. Se o jovem psiquiatra em formação diagnosticava em *Pele negra* a interdição colonial do reconhecimento do negro como parte da humanidade, bem como seus efeitos psíquicos e estranhados na sociabilidade moderna, a *explosão* necessária à "transformação do mundo" ainda não havia acontecido[15]. Foi apenas com a eclosão das lutas de libertação que seu diagnóstico encontrou uma profilaxia, a qual ele acreditava ser final e definitiva. Em *Escritos políticos* vemos, pois, as entranhas abertas de um colonialismo agonizando diante da luta anticolonial, e em via de parir novas sociabilidades. Mas a práxis aqui não é apenas resultado de um pensamento outrora iluminado e metafísico, mas produto e, ao mesmo tempo, produtora desse mesmo pensamento, vivificado pelo calor dos acontecimentos. O presente livro expressa, assim, o desenrolar desse pensamento vivo diante do desenrolar concreto da Revolução Argelina.

---

[14] Deivison Faustino, "Frantz Fanon, a branquitude e a racialização: aportes introdutórios a uma agenda de pesquisas", em Tânia M. P. Müller e Lourenço Cardoso (orgs.), *Branquitude: estudos sobre a identidade branca no Brasil*, v. 1 (Curitiba, Appris, 2017), p. 210-41.

[15] "A explosão não vai acontecer hoje. Ainda é muito cedo... ou tarde demais" (Frantz Fanon, *Pele negra, máscaras brancas*, cit., p. 25).

Para além das questões teóricas que envolvem a recepção póstuma do pensamento de Fanon, pode ser útil à leitora e ao leitor não familiarizados com a biografia do autor o acréscimo de algumas informações históricas e políticas que permearam a escrita de *Escritos políticos*. Os textos aqui apresentados, com exceção do último[16], foram originalmente publicados no jornal *El Moudjahid*, importante veículo de propaganda revolucionária da Frente de Libertação Nacional (FLN) da Argélia. Como se sabe, Fanon atuava como médico-chefe do hospital psiquiátrico argelino de Blida-Joinville quando eclodiu a guerra pela independência da Argélia, cujo marco foi a insurreição de 1º de novembro de 1954. O psiquiatra, que já havia clamado anteriormente por "uma reestruturação do mundo"[17], encontrava-se, enfim, diante das possibilidades históricas de cura social para as feridas psíquicas geradas pelo colonialismo. Sem hesitar, tomou partido do processo em curso, primeiro clandestina e depois oficialmente, convertendo-se progressivamente em intelectual orgânico da Revolução Argelina.

A FLN, posteriormente renomeada Governo Provisório da República da Argélia (GPRA), nunca foi um bloco monolítico, mas, na melhor definição da palavra "frente", agregou a vanguarda política e teórica que conduziu a Argélia a sua independência, em 1962, meses depois da morte precoce de Fanon. Embora não tenha vivido para ver o dia seguinte da revolução e seus desdobramentos – como a queda do presidente eleito Ahmed Ben Bella em 1965, após a tomada militar do poder por Houari Boumédiène[18] –, Fanon viu e viveu de perto as disputas políticas travadas no interior da FLN. Esse aspecto é fundamental para contextualizar as posições tomadas nos artigos publicados no jornal *El Moudjahid*. No plano político interno, tratava-se, em primeiro lugar, de afirmar um nacionalismo secular e humanista no interior de uma revolução baseada na identidade muçulmana. O marxismo,

---

[16] "Carta a Ali Shariati", p. 145 deste volume.

[17] Frantz Fanon, *Pele negra, máscaras brancas*, cit.

[18] Ver Walter Günther Lippold, *Frantz Fanon e a rede intelectual argelina: circulação de ideias revolucionárias e sujeito coletivo no jornal* El Moudjahid *(1956-1962)* (tese de doutorado em história, Porto Alegre, Universidade Federal do Rio Grande do Sul, 2019).

aqui "estendido" à situação colonial[19], foi o instrumento inquestionável que permitiu a chamada análise concreta da situação concreta do colonialismo.

No plano externo, tratava-se de legitimar, tanto para o povo argelino quanto para a comunidade internacional em geral – na qual se destacam os fóruns multilaterais como a ONU e as instituições criadas em torno do pan-africanismo –, a necessidade, a viabilidade e a legitimidade da Revolução Argelina. Nunca será demasiado lembrar que a FLN recorreu à política das armas – e depois, do terrorismo – apenas após sucessivos fracassos políticos pelas vias democráticas: todas as tentativas legais de participação argelina na política instituída foram recebidas com violência pelo governo francês. A FLN não apenas recorreu às armas, como sua composição foi reflexo da falência das vias institucionais e, sobretudo, da superação das divisões históricas existentes no nacionalismo argelino. Nasceu assim, em 1954[20], o Comitê Revolucionário de Unidade e Ação (Crua), protótipo da FLN, assim como seu braço armado, o Exército de Libertação Nacional (ELN)[21].

Um estudo instigante sobre o assunto foi levado a cabo por Walter Günther Lippold[22]. O autor sugere a consideração de dois elementos fundamentais para a compreensão do contexto em torno de *El Moudjahid* e, em consequência, para o entendimento das posições de Fanon no jornal: de um lado, uma confluência anticolonial no plano internacional africano e asiático e, de outro, uma mudança de orientação política que redefiniu o papel da propaganda revolucionária no interior da revolução. Em relação ao primeiro tópico, pode ser útil lembrar que não apenas a Argélia entrava

---

[19] "Quando se percebe na sua imediatez o contexto colonial, é patente que aquilo que fragmenta o mundo é primeiro o fato de pertencer ou não a tal espécie, a tal raça. Nas colônias, a infraestrutura econômica é também uma superestrutura. A causa é consequência: alguém é rico porque é branco, alguém é branco porque é rico. É por isso que as análises marxistas devem ser ligeiramente estendidas a cada vez que se aborda o problema colonial" (Frantz Fanon, *Os condenados da terra*, trad. Enilce Albergaria Rocha e Lucy Magalhães, Juiz de Fora, Ed. UFJF, 2006, p. 56).

[20] Fanon chegou a Blida em 1953. Ver Deivison Faustino, *Frantz Fanon*, cit.

[21] Walter Günther Lippold, *Frantz Fanon e a rede intelectual argelina*, cit.

[22] Idem.

em abolição, mas também ela própria se inspirava em recentes derrotas totais ou parciais do colonialismo europeu, especialmente o francês, com a Guerra da Coreia (1950-1953), a Revolução Chinesa (1949), a Batalha de Dien Bien Phu (1954), a perda do Magrebe após a independência do Marrocos e da Tunísia (1956) e, sobretudo, a Conferência de Bandung, na Indonésia (1955) e os realinhamentos políticos em torno de um projeto terceiro-mundista. Em um artigo intitulado "A expansão do movimento anti-imperialista e os retrógrados da pacificação"[23], Fanon acrescenta a essas experiências, com grande empolgação, o bloco de resistência que se formava a partir do Egito e da Síria, a proposta da República Árabe Unida e as frentes anticoloniais que se estruturavam a partir de Serra Leoa, Camarões, Quênia e Congo Belga.

Internamente, sua chegada à redação do jornal, após o exílio na Tunísia[24], coincidiu com uma mudança de orientação tática nos rumos da revolução. A mudança, que também revela uma grande disputa no interior da FLN, representava a guinada da ação militar para a ação política, na qual o jornal teria uma função fundamental. Abbane Ramdane[25], amigo pessoal e parceiro político de Frantz Fanon, preocupava-se com a autoridade superdimensionada dos militares do ELN, representados por Ben Bella, e propunha, como solução, um vínculo mais estreito entre a FLN e o povo argelino, com sua cultura, seus desejos e suas aspirações. A partir da Conferência de Soummam, organizada pelo Comitê Central da FLN, o jornal foi identificado como meio de formação de quadros nacionais e obtenção de apoio externo[26].

A disputa entre Ramdane e Ben Bella foi pautada por uma grande tensão interna que resultou, mesmo após a vitória do primeiro, em seu afastamento.

---

[23] Ver p. 111 deste volume.

[24] Fanon se exilou com sua família na Tunísia após romper oficialmente com a administração francesa na Argélia por meio de uma carta aberta ao ministro residente, na qual denunciava as condições estruturais de sofrimento psíquico causadas pelo colonialismo. Ver Deivison Faustino, *Frantz Fanon*, cit.

[25] O "arquiteto da revolução argelina". Ver David Macey, *Frantz Fanon: A Biography* (Londres, New Left Books, 2012), p. 81.

[26] Walter Günther Lippold, *Frantz Fanon e a rede intelectual argelina*, cit.

Por ordens dos coronéis do ELN[27], Ramdane foi assassinado, mas isso não mudou a orientação a respeito da centralidade do jornal. É essa a senda que será trilhada por Fanon na organização como intelectual orgânico da revolução. Embora se possa supor com grande chance de acerto que ele soubesse quem eram os verdadeiros mandantes do assassinato do amigo[28], fato que o deixou bastante abalado, Fanon manteve silêncio e seguiu apostando na Revolução Argelina, atuando na edição do jornal[29].

Outra missão importante designada a Fanon era unir o Magrebe à África Subsaariana. Não apenas fora delegado em 1958 no Congresso Pan-Africano de Acra[30], como manteve contato e relação com revolucionários como o congolês Patrice Lumumba, o ganense e líder político do pan-africanismo Kwame Nkrumah, o líder camaronês Félix Moumié – que também seria assassinado pelos serviços franceses –, o sindicalista queniano Tom MBoya e, sobretudo, o nacionalista angolano Holden Roberto. O objetivo do Governo Provisório da República da Argélia era criar uma frente subsaariana

---

[27] "No entanto, na capa do *El Moudjahid* (1962, v. 1, p. 460), número 24, publicado em 29 de maio de 1958, está a foto de Ramdane e a manchete de que foi abatido pelo inimigo francês: 'Abbane Ramdane est mort au champ d'honneur'. Quem controlava esse tipo de informação era o Comitê de Coordenação e Execução (CCE), que o repassava ao editor-chefe do jornal, Redha Malek. O editor-geral de ambas as versões de *El Moudjahid* (em francês e em árabe) era Redha Malek, que respondia diretamente a Ahmed Boumendjel e ao ministro da Informação, Mhamed Yazid" (Walter Günther Lippold, *Frantz Fanon e a rede intelectual argelina*, cit.).

[28] O depoimento de Simone de Beauvoir a esse respeito é bastante intrigante: "O povo argelino era o seu povo [...] sobre as dissensões, as intrigas, as liquidações e as oposições que mais tarde iriam provocar tantas agitações, Fanon sabia muito mais do que podia dizer. Esses segredos sombrios, e talvez também hesitações pessoais, davam às suas palavras um tom enigmático, obscuramente prático e atormentado. [...] *'tenho na memória duas mortes que não me perdoo: a de Abbane e a de Lumumba'*, dizia" (Simone de Beauvoir, *As palavras e as coisas*, trad. Maria Helena Franco Martins, 2. ed., Rio de Janeiro, Nova Fronteira, 2009, p. 644; grifos meus).

[29] Não se pode esquecer, no entanto, que seu nome estava na lista daqueles que seriam executados caso se tornassem obstáculo para a liderança militar da FLN. Ver David Macey, *Frantz Fanon*, cit.

[30] Ver "O combate solidário dos países africanos", p. 119 deste volume.

de solidariedade à luta argelina, mas sobretudo – seguindo uma teoria que lembra a aposta leninista na convulsão social anti-imperialista a partir de seus elos débeis – criar as condições para a disseminação ou o fortalecimento das lutas anticoloniais por todo o continente africano, como pressuposto para o desmoronamento de toda a ordem colonial.

O pan-africanismo anti-imperialista de Frantz Fanon, no entanto, foi pautado por um internacionalismo não racialista que expandia a noção de solidariedade a todos os povos submetidos ao jogo colonial-imperialista. Assim, propunha um eixo Bandung-Acra[31], que não apenas deslocasse para o Sul o polo Leste-Oeste apresentado pela Guerra Fria, mas, sobretudo, que identificasse, insuflasse e se deixasse guiar pelos interesses dos "verdadeiros" *condenados* em sua autodeterminação – ignorados pelas teorias e políticas de classe nos centros capitalistas e, principalmente, por seus seguidores eurocêntricos pseudorrevolucionários nos contextos concretos em que o capitalismo se estruturou a partir da colonização[32].

Essa posição rendeu uma grande receptividade ao pensamento de Fanon em países fora da África. Dois grandes exemplos de recepção de seu pensamento que antecedem o famoso prefácio de Sartre são a Itália e o Irã. A Itália foi o primeiro país, fora a França, a conhecer o pensamento de Frantz Fanon. Graças aos laços políticos entre ele e o marxista italiano Giovanni Pirelli, mas também pelos esforços editoriais deste último, os textos fanonianos encontraram uma calorosa recepção em importantes setores da esquerda italiana, muito antes de serem conhecidos no universo anglófono. A palestra de Fanon no II Congresso de Escritores e Artistas Negros, ocorrido em Roma, em março de 1959[33], foi imediatamente traduzida para o italiano. A edição italiana de

---

[31] Ver "A expansão do movimento anti-imperialista e os retrógrados da pacificação" e "O combate solidário dos países africanos", p. 111 e 119 deste volume.

[32] "Escravos de estruturas feudais e patriarcais solidificadas, os camponeses, os *khemmas*, os trabalhadores agrícolas, os pequenos artesãos, que hoje constituem 82% da população argelina, mantiveram-se praticamente à margem da ação social e política, da qual participavam apenas episodicamente e muitas vezes de maneira inconsciente" (Frantz Fanon, "A consciência revolucionária argelina", p. 73 deste volume).

[33] A palestra foi posteriormente anexada por Fanon a *Os condenados da terra*, cit., p. 237-84.

Os condenados da terra, por sua vez, é de julho de 1962 (meio ano depois de ser publicado na França), e em 1963 saiu pela editora Einaudi *Sociologia della rivoluzione algerina* [Sociologia da Revolução Argelina], tradução de *L'An V de la Révolution Algérienne* [O ano V da Revolução Argelina], publicado em 1959 pela editora de François Maspero.

O marxista italiano Giovanni Pirelli é digno de nota não apenas pela divulgação do pensamento do psiquiatra martinicano em seu país, mas porque seu nome figura na Introdução deste volume, oferecida pelo editor Jean Khalfa, ao lado de Giulio Einaudi e François Maspero, como idealizador original da presente coleção de artigos. Como anuncia o editor, "Dos três volumes planejados, 'Écrits politiques' [Escritos políticos], 'Conférences politiques' [Conferências políticas] e 'Écrits psychosociologiques' [Escritos psicossociológicos], só foi publicado o primeiro, sob o título *Pour la révolution africaine*, em 1964"[34]. É de Pirelli, juntamente com a viúva de Fanon e o editor-chefe de *El Moudjahid*, Redha Malek, parte da seleção de artigos que aqui se apresenta.

Pode parecer irônico, ou no mínimo surpreendente, que os escritos políticos (revolucionários) de Fanon tenham sido retirados do esquecimento justamente pelo neto e herdeiro direto do multibilionário Giovanni Battista Pirelli, o fundador da fábrica italiana de pneumáticos que leva seu nome. A biografia do intelectual e a ruptura com a família por conta da nova esquerda católica e marxista permitiram que ele identificasse nas lutas anticoloniais e antirracistas uma relação com as lutas antifascistas ainda frescas na memória italiana. Contudo, apesar da ruptura, que o privou não apenas da fortuna, mas também da possibilidade de ser enterrado no mausoléu da família, ele manteve alguns privilégios oferecidos por sua origem de classe que lhe possibilitaram, nas fileiras do Partido Socialista Italiano, transitar entre Itália, Tunísia e Paris, onde conheceu e se tornou amigo de Frantz Fanon.

Outro exemplo de camaradagem internacional, com grandes implicações políticas, é a relação de Fanon com o intelectual militante da Frente

---

[34] Jean Khalfa, "Introdução", p. 25 deste volume.

Nacional Iraniana Ali Shariati. O intelectual iraniano, que conheceu Fanon durante sua estadia em Paris entre 1959 e 1964, traduziu inúmeras de suas obras para o farsi, língua persa falada no Irã. Em seu tratado *Islamologie* [Islamologia], cita Fanon como um "amigo genial" e "uma das mais belas figuras heroicas daqueles tempos vis"[35]. Apesar de sua desconfiança "e até oposição" ao nacionalismo islâmico proposto por Shariati[36], Fanon se tornou uma das principais bases teóricas da Revolução dos Aiatolás no Irã. A tradução do pensamento do psiquiatra martinicano e militante argelino empreendida por Shariati teve influência em todo o espectro político iraniano, sendo reivindicado pela direita, pela esquerda e, principalmente, pelo aiatolá Ruhollah Khomeini, o fundador da revolução[37].

A pergunta que se pode fazer, quando se considera o contexto brasileiro contemporâneo, é: "Qual a relevância de se retomar o pensamento de Frantz Fanon, um revolucionário, em um período tão crítico como o nosso, e em que a revolução não se encontra mais na ordem do dia?"[38]. É possível que a leitura destes *Escritos políticos* ofereça várias pistas interessantíssimas para respondê-la; porém, se seguirmos as trilhas – bastante alteradas pelo tempo, é bom que se reconheça –, a tarefa da resposta ficará a cargo de

---

[35] "Carta a Ali Shariati", p. 145 deste volume.

[36] A "interpretação que você faz do *renascimento do espírito religioso* e os esforços que você empreende para mobilizar essa grande potência – que atualmente está às voltas com os conflitos internos ou acometida de paralisia –, *visando à emancipação* de uma grande parte da humanidade ameaçada pela alienação e pela despersonalização e cujo retorno ao islã aparece como um recuo para dentro de si mesma, será o caminho que você tomou, a exemplo de *Senghor, Jomo, Kenyatta, Nyerere e Kateb Yacine*, com sua empreitada de *renovação do nacionalismo africano*, ou então da *renovação do classicismo de Henri Alleg*. Quanto a mim, embora meu caminho se separe do seu, e até mesmo se oponha a ele, *estou convencido de que eles acabarão por se encontrar no rumo do destino em que o homem vive bem*" ("Carta a Ali Shariati", p. 145 deste volume; grifos meus).

[37] Abdollah Zahiri, "Frantz Fanon in Iran: Darling of the Right and the Left in the 1960s and 1970s", *Interventions – International Journal of Postcolonial Studies*, 24 abr. 2020.

[38] Pergunta formulada pela cientista política sul-africana Jane Anna Gordon em "Revolutionary in Counter-Revolutionary Times: Elaborating Fanonian National Consciousness into the Twenty-First Century", *Journal of French and Francophone Philosophy – Revue de la Philosophie Française et de Langue Française*, v. 19, n. 1, 2011, p. 37-47.

cada geração[39]. A busca por respostas, no entanto, não logrará êxito se não acertarmos as contas com uma série de equívocos que foram cometidos no passado e se repetem em um *loop* infinito nos novos contextos históricos.

É possível concordar com a afirmação do editor-chefe Redha Malek, segundo a qual "*Os condenados da terra* não é mais do que um desenvolvimento e um aprofundamento de temas tratados em *El Moudjahid*, elaborados no dia a dia da nossa redação". Nestes textos, assim como em *Os condenados*, a preocupação com o racismo e a racialização é elemento inseparável tanto do diagnóstico quanto da profilaxia revolucionária aqui proposta com entusiasmo. É espantoso – ou seria melhor dizer, previsível – constatar, por exemplo, que a recepção de Fanon pelas esquerdas brasileiras nas décadas de 1960 e 1970 tenha ocorrido sem uma discussão mais cuidadosa, não apenas sobre a temática do racismo em seu estatuto teórico[40], mas principalmente sobre a contribuição de sua análise para a análise concreta da constituição do capitalismo brasileiro em sua *via colonial de entificação*[41]. Foi preciso uma nova geração de intelectuais negros leitores de Fanon, formados nas fileiras do Movimento Negro Unificado do fim da década de 1970, para que o tema do racismo e seus efeitos psíquicos e culturais fosse a ele associado, mas essa recepção também não se deu sem perdas[42].

Em contrapartida, a retomada contemporânea do pensamento de Frantz Fanon encontra novas possibilidades e caminhos não menos desafiadores. As mudanças sociais, econômicas e culturais que nos separam do contexto destes *Escritos políticos* são enormes. Alguns fantasmas enfrentados por Fanon, no entanto, ainda hoje nos assombram: a dificuldade das esquerdas – revolucionárias ou institucionais – para entender a relação entre capitalismo, colonialismo e racismo; as permanências e atualizações

---

[39] "No interior de uma relativa opacidade, cada geração deve descobrir sua missão, cumpri-la ou traí-la" (Frantz Fanon, *Os condenados da terra*, cit.).

[40] Deivison Faustino, *A disputa em torno de Frantz Fanon*, cit.

[41] José Chasin, *A miséria brasileira: 1964-1994 – do golpe militar à crise social* (São Paulo, Estudos e Edições Ad Hominem, 2000).

[42] Deivison Faustino, *A disputa em torno de Frantz Fanon*, cit.

do (neo)colonialismo e suas diversas manifestações de colonialidade do ser, do saber e do poder; a dificuldade teórica e política para se estabelecer uma relação dialética entre a identidade e a diferença em um projeto anti-imperialista e emancipatório; e, sobretudo, o desafio do tempo. O horizonte temporal defendido por Fanon é o futuro. A luta anticolonial – e antirracista, se quisermos – em sua tarefa *sankôfica* de "voltar atrás e apanhar o que ficou perdido"[43] não é, em Fanon, um retorno ao passado pré-colonial objetivamente irreabilitável e, muito menos, um apego a uma ideia metafísica e, portanto, a-histórica de identidade que desconsidera ou invisibiliza, de um lado, as diferenças a ela implícitas e, de outro, aquilo que a experiência humana tem de universal.

Longe de advogar por um universalismo abstrato, partilhado tanto pelo humanismo burguês quanto por alguns advogados de sua superação – quando desconsideram a função histórica das lutas antirracistas e sua necessidade de afirmação estética e cultural –, Frantz Fanon nos instiga a buscar uma saída dialética que nos permita rasgar os horizontes sociais postos, inclusive a afirmação da identidade – ou da diferença – no interior das perspectivas emancipatórias, sem se perder nelas. Esse talvez seja o grande desafio para as atuais gerações de intelectuais antirracistas no Brasil. Como argumentou em tom profético, diante de seu amigo Ali Shariati, ao problematizar a necessidade e, ao mesmo tempo, os limites do nacionalismo islâmico:

> *Desejo que seus intelectuais autênticos possam, tendo em vista uma tomada de consciência universal* das massas populares de seus países e sua mobilização na luta defensiva contra a agressão e as tentações das ideias, métodos e soluções malévolas e suspeitas provenientes da Europa, desejo que seus intelectuais autênticos possam *explorar os imensos recursos culturais e sociais escondidos no fundo das sociedades e dos espíritos muçulmanos,* na perspectiva da *emancipação* e para a fundação de uma *outra humanidade e uma outra civilização,* e insuflar esse espírito no corpo cansado do Oriente muçulmano. É a você e a seus colegas que

---

[43] *Sankofa* é um provérbio implícito no ideograma acã, bastante conhecido no pensamento antirracista brasileiro.

cabe cumprir essa missão. [...] Entretanto, penso que reavivar o espírito sectário e religioso entravaria mais essa unificação necessária – já difícil de conseguir – e distanciaria essa nação ainda inexistente, que é no máximo uma "nação em devir", de seu futuro ideal para aproximá-la de seu passado.[44]

---

[44] "Carta a Ali Shariati", p. 145 deste volume; grifos meus.

Retrato de Frantz Fanon discursando em 1959.

Introdução

Jean Khalfa

Depois da morte de Fanon, em dezembro de 1961, François Maspero, Giovanni Pirelli e Giulio Einaudi começaram a trabalhar num projeto de obras completas. Dos três volumes planejados, "Écrits politiques" ["Escritos políticos"], "Conférences politiques" ["Conferências políticas"] e "Écrits psychosociologiques" ["Escritos psicossociológicos"], só foi publicado o primeiro, sob o título *Pour la révolution africaine*, em 1964[1]. François Maspero apresentava o livro destacando a contínua evolução do pensamento de Fanon e, ao mesmo tempo, sua fidelidade às orientações adotadas desde o início:

> Os textos políticos de Frantz Fanon publicados neste volume abrangem o período mais ativo de sua vida, da publicação de *Pele negra, máscaras brancas** em 1952 – ele tinha então 28 anos – a *Os condenados da terra*** em 1961, poucos dias depois de sua morte.
> Esses textos, em sua maioria, não são inéditos. Foram publicados em diversas revistas e periódicos dos quais sempre fornecemos a referência e a data. Mas havia outros, esparsos e difíceis de serem encontrados. Os do jornal *El Moudjahid*, em particular, quase não são acessíveis hoje e, na época, só o foram para uma parte pequena do público.
> Agrupados assim em ordem cronológica, esses textos revelam uma unidade singularmente viva. Marcam as etapas sucessivas de um mesmo combate, que evolui e

---

[1] Frantz Fanon, *Pour la révolution africaine: écrits politiques* (Paris, Maspero, 1964, coleção Cahiers Libres; 1969, coleção Petite Collection Maspero) [ed. port.: *Em defesa da revolução africana*, trad. Isabel Pascoal, Lisboa, Sá da Costa, 1980].

* Trad. Renato da Silveira, Salvador, Edufba, 2008. (N. E.)

** Trad. Enilce Albergaria Rocha e Lucy Magalhães, Juiz de Fora, Ed. UFJF, 2006. (N. E.)

se amplia, mas cujo objetivo e cujos meios foram vistos e registrados desde o início. Os três livros publicados até agora nos ofereciam três análises cristalizadas em momentos precisos da evolução de F. Fanon. Os textos a seguir são um fio condutor mais cotidiano, o itinerário de um pensamento em perpétua evolução, que vai constantemente se ampliando e se enriquecendo, mas sempre fiel a si mesmo.[2]

O núcleo desse livro era uma seleção de artigos da edição francesa de *El Moudjahid*, jornal da FLN* publicado em Túnis e do qual Fanon foi colaborador de 1957 a 1960. *El Moudjahid* era um empreendimento coletivo revolucionário e os textos não eram assinados. Maspero pediu a Redha Malek, que fora chefe de redação do jornal, e a Josie, esposa de Fanon e jornalista, que indicassem quais eram os textos indubitavelmente de Fanon. Duas listas foram elaboradas, uma longa, de Josie Fanon, e outra, que reduzia a primeira, de Redha Malek, que declarou a Maspero em correspondência de 14 de setembro de 1963:

> Responsável por *El Moudjahid* de julho de 1957 a agosto de 1962, sou capaz de determinar exatamente a contribuição de cada redator. *El Moudjahid* é obra de uma equipe que sempre trabalhou em comum e sob anonimato. Os temas mais importantes tratados nele foram concebidos, e eu diria até pensados, em comum. Isso explica um pouco o constrangimento que sinto diante de seu projeto de edição, que vai naturalmente de encontro a esse anonimato que respeitamos até o fim. [...] Solicito-lhe que destaque, por exemplo, no prefácio, que *El Moudjahid* é obra de uma equipe anônima da qual Fanon era parte integrante e que a publicação dos artigos dele constitui em si um fato bastante excepcional, considerando-se a regra que essa equipe sempre observou – pelo menos até o cessar-fogo. Assim, na minha opinião, talvez seja bom esclarecer – e meu amigo Claude Lanzmann é indicado para isso – a influência decisiva da revolução argelina sobre a evolução do pensamento de Fanon.
> *Os condenados da terra* não é mais do que um desenvolvimento e um aprofundamento de temas tratados em *El Moudjahid*, elaborados no dia a dia da nossa redação (especialmente os temas referentes às relações dialéticas entre o caráter

---

[2] Frantz Fanon, *Oeuvres* (Paris, La Découverte, 2011), p. 685.
* Front de Libération National (Frente de Libertação Nacional). (N. T.)

total da opressão e o caráter não menos total da luta, entre a guerra de libertação e a transformação da consciência coletiva etc.). Não se trata de modo algum de diminuir a contribuição pessoal de Fanon, trata-se de situá-lo no contexto concreto ao qual ele se havia integrado tão maravilhosamente bem.[3]

Quanto a Josie Fanon, ela declarou numa carta a Maspero, em 16 de dezembro de 1963, em tom pouco ameno[4], que não se surpreendia com essas restrições e impunha-lhe que publicasse tudo ou coisa nenhuma. Por outro lado, Giovanni Pirelli também fez uma lista, mas sob a condição de que fosse verificada por Josie.

Ora, nenhuma dessas listas corresponde exatamente à dos textos publicados em *Pour la révolution africaine*. Publicamos neste livro, então, todos os artigos mencionados nessas diversas listas e não constantes da edição de 1964, assim como alguns outros que pelo menos nos pareceram nutridos em boa parte pelo pensamento de Fanon. Será fácil encontrar aqui, em muitos momentos, seu estilo, sua insistência nos processos vitais atuantes em toda desalienação, seu interesse por uma consciência que só se forja libertando-se das identidades do passado, mas também revisitando-as, sua preocupação em prevenir a ossificação das estruturas revolucionárias e o neocolonialismo, e sua crença numa dimensão propriamente revolucionária do movimento nacional argelino. Nem por isso deixa de ser verdade que *El Moudjahid* era de fato um trabalho coletivo, o que sem dúvida foi também um atrativo para Fanon, e seu pensamento também se nutriu dele. De todo modo, a leitura desses textos permitirá ao leitor reviver a atmosfera que presidiu à escrita de *Os condenados da terra*[5].

Também publicamos aqui uma das cartas de Fanon para o filósofo e militante iraniano Ali Shariati sobre política e religião – o original se perdeu,

---

[3] Carta conservada no Institut Mémoires de l'Édition Contemporaine (Imec), Fonds La Découverte.

[4] Idem.

[5] Alice Cherki observa em *Frantz Fanon, portrait* (Paris, Le Seuil, 2000, p. 155): "É importante saber que eles [os artigos de *El Moudjahid*] foram retrabalhados pela equipe de redação em conjunto e tinham a obrigação de refletir uma posição oficial".

mas Shariati a traduzira para o persa. Agradecemos a sua filha, Sara Shariati, que nos forneceu a tradução para o francês feita por seu filho, Ehsan Shariati, e que aqui a apresenta. Alice Cherki descreveu detalhadamente a desconfiança de Fanon com respeito aos movimentos religiosos no seio dos processos revolucionários[6]. A carta citada por Ali Shariati parece definir seu sentimento: a cultura só funda um povo quando ela é criação. É o colonialismo que reifica a tradição. A retomada das origens só tem sentido se voltada para o futuro. Decerto ainda há muitas cartas de Fanon a serem reencontradas[7]. Elas virão alimentar, esperamos, uma nova edição futura desta obra.

Finalmente, traduzimos aqui um dos boletins da embaixada da Argélia em Acra, *The Stooges of Imperialism* [Os lacaios do imperialismo], documento circunstancial, mas no qual lemos novamente a reflexão de Fanon sobre as ciladas do neocolonialismo.

---

[6] "Em sua reflexão política, profundamente ateia, ele continua separando política e religião, ao passo que associa cultura e política" (Alice Cherki, *Frantz Fanon, portrait*, cit., p. 161). Ver também Matthieu Renault, "Damnation. Des usages de la religion chez Frantz Fanon", *ThéoRèmes*, n. 4, 2013. Disponível em: <https://journals.openedition.org/theoremes/445>.

[7] Algumas cartas de Frantz Fanon a sua família foram publicadas por seu irmão Joby Fanon, em *Frantz Fanon, de la Martinique à l'Algérie et à l'Afrique* (Paris, L'Harmattan, 2004).

ESCRITOS POLÍTICOS

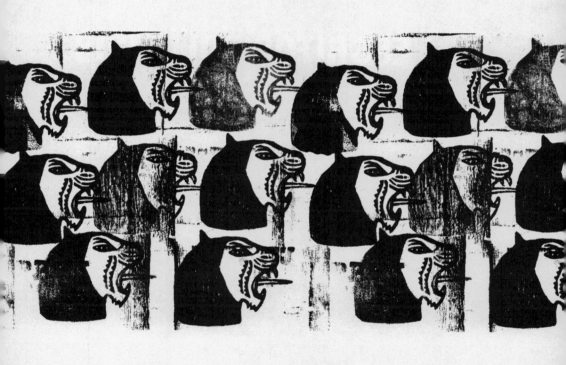

A Legião Estrangeira desmoralizada

El Moudjahid, n. 8, 5 de agosto de 1957[1]

Avançando em sua marcha vitoriosa, a revolução argelina prossegue sua obra de desmistificação, que não deixou de se estender até o interior dos exércitos colonialistas. Conscientes do perigo, os estados-maiores franceses reagiram intensificando a "lavagem cerebral" de suas tropas e multiplicando medidas draconianas a fim de barrar o caminho para a subversão. Por sua vez, o governo francês acentua a repressão dos delitos que "afetam o moral do Exército e da nação" e, graças aos poderes discricionários estendidos na França, consumará a submissão de uma imprensa e de uma opinião pública que já perderam três quartos de suas liberdades.

No entanto, é evidente que as medidas "enérgicas", que traduzem um profundo desespero, não podem atenuar em nada o processo de decomposição que afeta um exército cujo moral há algum tempo vem baixando constantemente. O enfraquecimento moral das tropas francesas é uma realidade

---

[1] I, p. 93 e seg. (JF; GP?). Para cada artigo reproduzido, indicamos dessa forma a página da reedição iugoslava dos números de *El Moudjahid*, publicada em três volumes por Redha Malek em 1972, seguida de uma ou duas abreviações (JF, RM ou GP), se o artigo não estiver nas listas de Josie Fanon, Redha Malek ou Giovanni Pirelli. Pirelli marca alguns textos com um ponto de interrogação. Desses, no entanto, vários foram publicados em *Pour la révolution africaine* (cit.). Também comparamos essas listas com as que foram montadas pelos primeiros biógrafos de Fanon, Peter Geismar, Irène Gandzier e Renate Zahar. A edição iugoslava reproduz apenas os textos. As fotos que acompanham os artigos na edição original são descritas em nota. Também as reproduzimos em notas, como a seguir.

Este artigo é ilustrado por duas fotografias: a primeira mostra Fantini em companhia do suboficial francês que o brutalizou; a segunda mostra Fantini treinando judô, tendo à sua direita o cercado de arame farpado atrás do qual a Legião mantém os argelinos durante as buscas (região de Mascara).

palpável. Os soldados do Exército de Libertação Nacional (ELN)* o percebem muito bem, seja nos combates, seja em conversas com os prisioneiros. Nossa finalidade, aqui, é escolher um exemplo entre mil que ilustre essa situação.

Tomemos um "corpo de elite" como a Legião Estrangeira, orgulho do Exército francês. Em 1945, ele se destacou, como todo mundo sabe, pela repressão que lançou sobre a região da Constantina. Hoje, as deserções desse corpo são cada vez mais numerosas, sinal dos tempos em que os legionários que passaram para o lado do ELN têm a mesma frase na boca: "Não queremos combater sem objetivo, queremos morrer por alguma coisa". A esse respeito, o caso de legionários que acabam indo para a clandestinidade, da qual os serviços do ELN os repatriarão, embora banal, tem inegável interesse.

Sedução e chantagem

Em Metz, onde foi para participar de um torneio de boxe em fevereiro de 1957, Vittorio Fantini foi preso pela polícia francesa. Declarou-nos que estava de posse de um passaporte válido e de uma quantia de 600 mil francos. Seja como for, depois de confiscar seus documentos e seu dinheiro, as autoridades francesas o colocaram diante do dilema clássico ao qual é submetido o futuro legionário: prisão ou cinco anos de serviço sob a bandeira francesa. Prometiam-lhe, para começar, um bônus de alistamento de 90 mil francos, um soldo de 7 mil francos, sem falar das vantagens de todo tipo das quais ele seria beneficiário. Além do mais, anunciavam-lhe horizontes maravilhosos e explicavam-lhe a nobre missão da Legião na Argélia, onde ela defende o patrimônio da civilização ocidental contra as hordas bárbaras surgidas da Idade Média.

Entre a perda de suas liberdades e o atrativo de uma proposta farta de promessas mirabolantes, o lutador de boxe Vittorio Fantini cometeu a fraqueza de optar por esta última solução. Metz, Estrasburgo, Marselha, Bel-Abbès, a viagem foi longa e o novo recruta teve todo o tempo do mundo

---

* Armée de Libération Nationale [Exército de Libertação Nacional], ALN na sigla francesa. (N. T.).

para sonhar com a carreira brilhante que se abria diante dele. De Bel-Abbès, onde teve de cumprir certas formalidades, Vittorio Fantini foi designado para uma companhia de instrução em Mascara. Foi nessa cidade que suas ilusões desmoronaram como um castelo de cartas diante de uma realidade que ele estava longe de imaginar.

Viu-se numa caserna, submetido a um regime de penitenciária. Como as saídas eram proibidas, ficou detido durante três meses. O bônus de alistamento de 90 mil francos não chegava, e mais tarde ele ficaria sabendo que as promessas a esse respeito eram pura mentira. Aliás, ele não era o único nessa situação, todos os seus colegas de promoção foram vítimas desse embuste das autoridades francesas. O mesmo aconteceu com o soldo mensal que o gabinete de recrutamento avaliava em 7 mil francos e que na realidade não ia além dos 3 mil...

Fazer surgir do homem uma fera

Longas horas do dia eram dedicadas ao trabalho psicológico de doutrinação. Os "azuis" eram obrigados a decorar as lições dos professores em que tinham de aprender a odiar o argelino, a desprezar a pessoa humana, a banir da mente todo respeito à vida. As verdades oficiais, as diretrizes do ministro residente chegavam e eles eram obrigados a engoli-las, acompanhadas de comentários. É evidente que esse alimento encomendado era no mínimo indigesto para os recém-chegados, completamente alheios aos problemas em que se debate o colonialismo francês e ignorantes de tudo a respeito do país e dos habitantes dos quais se pintava um quadro dos mais sombrios. Os inconvenientes seriam menores se estivesse em poder deles confrontar as lições de seus professores com a vida cotidiana! Mas o regulamento a esse respeito é extremamente severo, os soldados da Legião são mantidos rigorosamente afastados de toda realidade exterior. A leitura até mesmo dos jornais colonialistas é formalmente proibida, o contato com o indígena é considerado falta grave e às vezes punido como verdadeiro crime.

Isolamento completo, propaganda obstinada o tempo todo, é um tratamento que, depois de um certo tempo, acaba por aniquilar toda personalidade e por provocar no paciente um embrutecimento crescente. "Eles nos montam como autômatos e nos soltam em cima de populações que nada nos fizeram", dizia Vittorio Fantini. E acrescentava que essa técnica de embrutecimento era amplamente facilitada pelo próprio ambiente em que seus colegas e ele viviam. Ambiente em que a brutalidade e a selvageria eram sistematicamente cultivadas. Assim, ele foi violentamente espancado por um suboficial francês por não saber segurar o fuzil de guerra do modo como esse instrutor exigia. Teve dois dentes quebrados e a arcada supraciliar aberta. Ainda traz as marcas dos ferimentos. Cultivar racionalmente a selvageria, matar o homem para fazer surgir dele um animal feroz, essa é uma das missões essenciais dos instrutores da Legião. Chegam ao ponto de exigir que os "azuis" posem para as objetivas com capacete de guerra, metralhadora em punho e... punhal cerrado entre os dentes. O soldado da Legião não deve apenas ser selvagem, ele deve mostrá-lo ostensivamente, deve saber inspirar terror pela voz, pelos gestos, pela fisionomia, pelo modo de se comportar. Moral e fisicamente, deve adequar-se à imagem de uma selvageria inominável. Vittorio Fantini, ex-lutador de boxe peso médio, que esboça agora um sorriso de criança, também se esforçou, em sua companhia em Mascara, para ajustar-se a essa imagem-padrão. Também posou diante da objetiva, e a foto que exibe mostra-o sob uma luz aterradora, em posição de combate, o inevitável punhal entre os dentes, prestes a travar o corpo a corpo.

O apelo irresistível da liberdade

A Legião é uma selva em que se formam e se desenvolvem seres ferozes. Mas é uma selva em que a liberdade inexiste, uma selva que asfixia. A ideia do lutador que, em algum lugar da África, leva uma existência livre e aventureira corresponde a um sonho, que só pode nascer nas brumas de uma Europa romântica. Acrescente a essa total falta de liberdade as promessas não cumpridas, os tratamentos inumanos e, ainda por cima, as frases de ódio que são repetidas como uma obsessão. Mas de tanto ouvir falar dos argelinos em termos inauditos, os húngaros, os alemães, os italianos e os espanhóis acabam por desenvolver uma imensa curiosidade por esses seres tabus, responsáveis por crimes fabulosos. O desejo de confrontá-los cresce a cada dia e atinge um tal nível que eles se sentem dispostos a correr todos os riscos e enfrentar todos os perigos.

Uma propaganda excessiva produz com frequência o efeito oposto ao que se busca. Torna-se uma faca de dois gumes e, se consegue anestesiar a inteligência e o sentido moral de uns, provoca inevitavelmente reações brutais, mas salutares, na consciência de outros. Apesar do isolamento hermético em que são mantidos, muitos legionários, sobretudo quando falam francês, chegam a captar aqui e ali, ao sabor das circunstâncias, fragmentos de verdade sobre a vida dos resistentes, sobre as vitórias do ELN, sobre a coragem dos *moudjahidin* [combatentes] e o ideal pelo qual eles lutam, assim como sobre a opressão e a covardia de seus adversários.

A curiosidade transforma-se rapidamente em simpatia. Somada à insatisfação, torna-se ativa e determina no indivíduo uma conduta de desertor. Todos os motivos de insatisfação não são suficientes, por si sós, para provocar essa conduta; é preciso haver o atrativo positivo da resistência e a simpatia ideológica pelos resistentes para ativar uma revolta surda e gerar a força para ele se realizar na deserção. É tomando consciência de que tem diante de si não monstros, mas seres humanos perfeitamente normais que lutam por uma causa justa e eminentemente humana, que o legionário amargurado recupera a coragem e rompe as correntes, indo ao encontro de seu libertador.

Uma cena macabra

As autoridades da Legião correm esse perigo e, para esconjurá-lo, empenharam-se em destruir as esperanças do eventual desertor numa acolhida compreensiva por parte das unidades do ELN. Assim, inculcaram nas tropas o medo da resistência, na qual os *moudjahidin*, que não respeitariam as leis da guerra, não deixariam de tornar o desertor objeto de sua vendeta e de sua paixão sanguinária.

O estado-maior da Legião não recua e, por premência da causa, recorre aos meios mais degradantes. Muitas vezes maquiou soldados ou civis mortos em combate como desertores da Legião massacrados pelo ELN. Vittorio Fantini relata um exemplo específico dessas encenações macabras. Três de seus colegas de promoção, todos italianos como ele, desertaram em maio de sua unidade. Um verdadeiro vento de desmoralização varreu a companhia. A reação dos estados-maiores não se fez esperar: anunciou-se imediatamente a morte dos três desertores, sob os golpes do ELN. Três dias depois, três corpos mutilados de legionários foram transportados para o acampamento, os rostos talhados à faca estavam completamente irreconhecíveis. De início, Vittorio Fantini acreditou na versão de seus comandantes. Mais tarde ficou sabendo que se tratava dos corpos de três colonos franceses. Depois de vesti-los de legionários, as autoridades mandaram mutilá-los para semear o terror no acampamento e desencorajar eventuais deserções. Quanto aos três desertores, estão bem vivos e escreveram de Milão para o amigo Vittorio Fantini contando sua aventura. São os ex-legionários Mario Gattulli, Benito Fabri e Lino Balelio.

A escolha de Vittorio Fantini

Os responsáveis franceses pela Legião Estrangeira acusam o ELN de vingar-se selvagemente dos desertores. Mas a experiência mostra que são eles que recorrem a esses métodos, submetendo às mais desumanas torturas, antes de executá-los, os soldados sem sorte cuja fuga fracassou. A maioria dos legionários libertados pelo ELN assistiu a esses assassinatos e os descreve com todos os devidos detalhes.

Isso não impede que as deserções se multipliquem. O próprio Vittorio Fantini não se deixou abater pelos espantalhos brandidos diante dele, não se deixou vencer pela propaganda que apresenta o ELN como um exército de sanguinários sem fé nem lei. A ideia correta que tinha dos resistentes argelinos, cujo ideal patriótico ele entendia, e a confiança que tinha neles suplantaram todos seus medos e foram seus guias mais firmes.

No último dia 2 de julho, quando estava em patrulha em Mascara, ele fugiu ao anoitecer, em companhia de seu colega Agostino Santarlano, e desapareceu na montanha. Seu colega seria morto cerca de cinquenta dias depois, numa escaramuça, vítima de balas francesas. Vittorio Fantini bateu na primeira choupana que encontrou, onde conheceu a proverbial hospitalidade do povo argelino. Por quatro dias, compartilhou a vida dos felás; sua capacidade de acolhimento e sua simplicidade comovente não deixaram de impressioná-lo. Foi então que pôde avaliar a loucura criminosa da propaganda francesa, que visa tirar dessas pessoas pacíficas seus atributos humanos para transformá-las em animais de abate.

Quando, em 6 de julho, um grupo do ELN passou pelo aduar*, Vittorio Fantini entregou suas armas – uma metralhadora de mão, oito carregadores, duzentos cartuchos. O grupo cuidaria de repatriá-lo para a Itália.

Superioridade da revolução argelina

A esmagadora superioridade moral da revolução argelina aparece com nitidez suficiente no caso específico da Legião, em que a França mobiliza, ou por sedução ou por violência, homens de origens diversas a fim de fazê-los lutar por uma causa que, além de lhes ser estranha, também é essencialmente injusta e fadada ao fracasso. Há nisso um abuso que só pode ser chamado por um nome: crime contra a inteligência. Traz terrível sofrimento aos legionários, que se sentem frustrados de consciência e alma.

Ao abrir os braços para eles, a revolução argelina não só os liberta de seu opressor como os cura desse mal atroz, libertando suas consciências acorrentadas e despertando suas inteligências para os grandes ideais humanos que ela defende. Quanto à França, ela paga diariamente pelo crime. Todos os dias, legionários passam para o lado do ELN com armas e bagagens. Em dois meses, Vittorio Fantini assistiu a 37 casos de deserção, de 12 alemães e 25 italianos.

---

* No francês, *douar*. Originalmente, conjunto de habitações de um grupo familiar nômade ou fixo. Na África do Norte colonial, divisão administrativa básica, porção territorial da comuna. (N. T.)

Primeira página do jornal da Frente de Libertação Nacional, *El Moudjahid*, no qual a maioria dos textos desta coletânea foi originalmente publicada.

Independência da Argélia, a realidade de todos os dias

El Moudjahid, n. 8, 5 de agosto de 1957[1]

As relações que há três anos se estabeleceram entre o combatente argelino e o povo aprofundam-se e diversificam-se incessantemente. É que o país inteiro, envolvido na luta pela libertação, multiplica as ações e opõe uma força coesa e agressiva às tropas inimigas. Mas a mobilização da pátria, dos argelinos e das argelinas lado a lado, não é suficiente para explicar esses vínculos. São principalmente as muitas tarefas políticas, administrativas, culturais e sociais diante das quais se vê o combatente que dão uma ideia das qualidades e virtudes exigidas. Assim, o enriquecimento progressivo da revolução argelina dá a medida da fecundidade e do dinamismo ilimitado do combatente.

As palavras de ordem precisas do movimento deveriam logicamente realizar esse encontro entre a ação militar e a construção da nação. Em sua atividade cotidiana, diante dos problemas concretos de abastecimento de água do aduar ou de escolarização das crianças, o combatente exerce influência decisiva sobre as estruturas políticas e sociais de sua região. Para ele, a República Argelina não é um desejo ou uma ilusão qualquer, é muito concretamente e desde já as assembleias populares, a distribuição equitativa das riquezas, o respeito às liberdades e o extermínio de todo sistema de opressão. O povo argelino, ao mesmo tempo que expulsa o inimigo do território nacional, transforma-se em força política autêntica e experimenta o exercício do poder.

É possível compreender tal segurança na ação reportando-se aos elementos característicos do engajamento revolucionário do argelino. A participação do argelino na revolução não é contribuição armada ou ajuda financeira.

---

[1] I, p. 95 e seg. (JF; GP?).

O apoio dado à revolução não se limita a um setor e não se reduz a uma ação episódica. Na condição particular de cada um, o que se encarna é a própria totalidade da revolução, seus meios de luta e seus objetivos, sua tática e sua estratégia, seu presente e seu futuro. Investindo sua vontade e sua combatividade no esmagamento do inimigo, o povo argelino adquire ao mesmo tempo uma autoridade total sobre seu destino.

São essas relações que escapam à apreciação do adversário; e a ignorância de sua existência explica a vã esperança dos franceses numa eventual "flexibilização de nossas exigências". A soberania é una e indivisível: nossa posição a esse respeito é inabalável, porque nasce do próprio exercício dessa soberania. Dia após dia, o cidadão argelino instala o Estado no território e reforça-o de modo decisivo. Cada emboscada, cada ato de solidariedade, cada decisão tomada em nome da Frente e do Exército de Libertação Nacional consolida a autoridade da revolução e atesta sua prodigiosa vitalidade[2]. Em contrapartida, a expansão da revolução aclara a ação do combatente, colocando-o diretamente em comunicação com a nação.

---

[2] Esse vocabulário e esse tom encontram-se em muitos textos de Fanon.

Independência nacional, a única solução possível

El Moudjahid, n. 10, setembro de 1957[1]

O termo independência é suficiente, por si só, para levantar contra nós a unanimidade dos franceses. Se por um lado ele tem o dom de mergulhar em surdo ódio os imperialistas inveterados, por outro não deixa de exasperar também os homens de esquerda cujas reações chauvinistas se tornaram incontroláveis. A opinião pública francesa não nos perdoa por reivindicarmos com tanta convicção a soberania plena e integral de nosso país. Taxa-nos de infantilismo e reprova-nos a paixão fetichista que nos teria feito escravos de uma palavra.

Tomada por um ataque de nacionalismo, essa mesma opinião pública não hesita em questionar a ideia de independência nacional em geral. O conceito seria obsoleto e já não corresponderia às exigências de nossa época, em que prevalecem os grandes conjuntos políticos em detrimento das pequenas potências. Ela não compreende a conveniência da independência, que já não seria uma promoção, mas um retrocesso para a Argélia, situada às portas da Europa e tendo ainda tudo a ganhar permanecendo no regaço da França.

Um objetivo fundamental e não uma reivindicação tática

Na França, as pessoas tomaram em mãos o problema argelino para obscurecer seus dados e colocá-lo em termos ininteligíveis. Apresentaram múltiplas soluções, frequentemente contraditórias, sempre ilusórias. Nessa profusão de projetos, a solução válida, a única que importa para a paz, isto é, a

---

[1] I, p. 120 e seg. (JF; GP).

independência da Argélia, só é considerada para ser sistematicamente descartada. De todas as controvérsias e discussões que se instauraram entre as autoridades francesas, a conclusão é que se trata de uma solução injustificada e, no fim das contas, arbitrária.

Ao reivindicá-la, os argelinos estariam manifestando uma posição extremista e essencialmente passional. A França não seria obrigada a aceitá-la e não se deixaria levar por esse descomedimento. Aliás, há argelinos sensatos que pensam à surdina que a reivindicação de independência não é mais que uma posição de fachada, um artifício de propaganda, sendo a realidade completamente diferente. Enquanto se espera que esses "moderados" possam levantar a voz, a guerra deve continuar. Com a contribuição do cansaço do povo, virá uma fase de negociações em que a França, em situação de força, imporá o estatuto "liberal" que conquistará a adesão de uma parcela substancial da opinião pública argelina, quando não a sua unanimidade.

Evidentemente essa concepção é errônea; expressa desejos e expectativas, mas não corresponde ao espírito real que anima a FLN. Seu erro é reduzir a uma reivindicação tática o que se afirma desde o início como um objetivo fundamental da revolução. Mostra a incapacidade da França de apreender os dados verdadeiros do problema argelino e a solução que ele requer. Esse problema não pode ser abstraído do contexto revolucionário no qual ele se insere desde 1º de novembro de 1954, e a solução que ele exige não pode ser encontrada fora dos limites desse contexto.

O povo argelino pensa suas relações com a França em termos de oposição irredutível entre seus interesses e os da presença colonial. Não se trata, para ele, de esperar que o colonialismo se reformule, que se mostre menos cúpido e menos feroz, que afrouxe sua opressão. O sistema é condenado em bloco, e sua queda só pode se consumar realmente pelo advento da independência. Retomando e esclarecendo esse ponto de vista, a FLN o expôs em novembro de 1954: a independência, a partir dessa data, era colocada como uma reivindicação-limite, e afora ela nenhum acordo seria possível entre o povo argelino e a França.

Uma ideia inscrita na realidade argelina

A opinião pública francesa não consegue esconder seu espanto ao ver um país como a Argélia, considerado uma "província francesa", alcançar num movimento único uma existência nacional objetivada num Estado independente. Nações cuja situação jurídica apresentava menos dificuldade tiveram de cumprir por etapas o caminho que as levava à independência. O salto único que a Argélia quer dar não comportaria nenhuma noção racional e corresponderia, portanto, a uma empreitada suspeita e arriscada.

Seja como for, a opinião pública francesa recusa-se a tomar consciência lúcida da mudança que está ocorrendo na Argélia. Limita-se a negá-la. Só lhe chega aos ouvidos a reivindicação inaudita que a FLN formula em termos audaciosos. Choca-se com ela e a atribui a pessoas passionais que transpõem para a política seus sonhos delirantes. Não compreende que o povo argelino não pode aceitar a necessidade das transições que o conduziriam gradualmente à autonomia. É que ela não se dá bem conta da natureza específica da opressão colonialista na Argélia, opressão que contribuiu para o desencadeamento do processo revolucionário.

Decretar a Argélia departamento francês será instalar no país uma opressão total, apagar uma nação do mapa, despersonalizar um povo, reduzi-lo à deposição e à morte; mas será também determinar nesse país uma situação explosiva, um estado de tensão permanente, e fazer surgir contradições cuja profundidade será tamanha que o sistema que as engendrou estará impossibilitado de assumi-las.

Em outras palavras, a forma extrema que o colonialismo francês tomou na Argélia – colonialismo de povoamento do tipo sulista – determinou reações não menos extremas. Estas não se resumem a acessos de violência coletiva e movimentos incontroláveis de revolta e desespero. Traduzem-se por um lento amadurecimento da consciência política, que elas ampliam ao lhes conferir uma dimensão revolucionária. Interiorizando-se e desenvolvendo-se em profundidade, determinaram no povo o surgimento de uma lucidez cada vez maior que, ao lhe dar uma ideia exata de suas possibilidades de sobrevivência e de seus interesses essenciais, oferece-lhe a possibilidade de questionamento implacável do sistema colonial, não por uma ou outra forma específica que ele assuma, mas por sua essência e seus fundamentos objetivos.

Foi sob a extraordinária pressão que se exercia sobre ele, excluindo qualquer possibilidade de evolução normal, que se fez a educação política do povo argelino. Baseada numa pedagogia revolucionária, essa educação constitui uma experiência original que desempenhará papel determinante no futuro da Argélia.

É próprio do neocolonialismo prevenir situações revolucionárias, introduzindo métodos evolutivos em seu sistema. A experiência mostra que muitas vezes ele foi bem-sucedido e conseguiu preservar por muito tempo situações coloniais que poderiam ser insustentáveis. Na Argélia, justamente, a situação é insustentável, e o neocolonialismo perdeu sua oportunidade histórica. Surgiu uma defasagem histórica entre o povo argelino e a França; enquanto ela coloca o problema em termos de evolução, ele se expressa em termos de revolução e traduz a situação efetiva em que se encontra.

Um objetivo realista

A ideia de independência encontra forças menos no nível da consciência psicológica dos dirigentes da FLN do que na realidade colonial objetiva em que se inscreve dialeticamente. Ela seria intransigência abstrata e vazia de conteúdo, se não fosse, tal como a revolução que a reivindica, fruto de um profundo amadurecimento e resultado de um longo avanço subterrâneo.

Em tempo "normal", a recusa de reformas estruturais e modos sérios de evolução seria expressão de total ausência de inteligência por parte dos responsáveis. Em período de engajamento revolucionário, essa recusa traduz uma exigência fundamental. Aceitar uma fórmula centrada em algo que não a independência é renunciar a derrubar o colonialismo quando se tem a possibilidade de fazê-lo, é deixar subsistir seus germes virulentos, que logo engendrarão um sistema de opressão mais monstruoso do que o anterior.

A revolução é essencialmente inimiga das meias medidas, dos compromissos, dos recuos. Levada a termo, salva os povos; interrompida a meio caminho, causa sua perdição e consuma sua ruína. O processo revolucionário é irreversível e inexorável. O senso político ordena que não se obstrua sua marcha.

A intransigência da FLN, portanto, tem conteúdo. É uma intransigência revolucionária que não se contenta com palavras vãs. Longe de traduzir um irrealismo político, é a exigência de um realismo revolucionário. O que constitui a força do povo argelino é ele saber o que quer e aonde vai. Quer sua independência e sabe que é uma possibilidade a seu alcance que ele acabará por atingir.

A França, ao contrário, não sabe o que quer nem aonde vai. Recusa-se a reconhecer a validade desse objetivo, mas sua atitude continua negativa e estéril, incapaz de se transformar em conduta dinâmica e eficaz. Limita-se a recusar a independência, mas ignora a nova realidade criada na Argélia; ela arquiteta planos, elabora leis-quadro, mas raciocina num contexto pré-revolucionário e move-se em plena irrealidade, no empíreo das ideias de prestígio, de grandeza, de laços permanentes e indissolúveis.

Nesse contexto, a independência argelina parece uma quimera, e os argelinos são chamados de quiméricos. O que é considerado uma impossibilidade na França é transposto para a Argélia e transformado numa impossibilidade objetiva e absoluta. Certamente, é partir de uma análise muito frágil da realidade e correr um risco declarar, como o sr. Mauriac, que nenhum governo francês concederá a independência à Argélia.

Um objetivo em plena realização

Diga o sr. Mauriac o que disser, independência não se concede e não depende da vontade dos governos franceses concedê-la ou recusá-la. A independência não é um bem que se dá, mas uma realidade viva que se constrói.

Três anos de guerra revolucionária abalaram profundamente o sistema colonial. Ele já não passa de um edifício deplorável, caindo em ruínas. É sobre esse material, em plena desagregação, que os técnicos da "pacificação" pretendem assentar suas reformas. Enquanto se esforçam para conter muros que desmoronam por todos os lados, novas fundações são escavadas em toda a terra argelina sobre as quais se ergue a poderosa construção da independência nacional.

A independência desceu do céu das possibilidades ideais. Fez-se carne e vida, incorporou-se à substância do povo. Doravante, este exerce a sua soberania no âmbito de seu Exército e de sua administração. É aí que se pode tocar com as mãos o prodigioso êxito da revolução argelina.

Do argelino do período colonial surgiu um homem novo, o argelino da era da independência. Ele recupera sua personalidade na ação, na disciplina, no senso de suas responsabilidades, e redescobre a realidade, que ele agarra com as mãos e transforma, reatando com ela relações eficazes. Torna-se organizador, administrador, soldado e cidadão responsável.

A única solução possível

Ao manter a independência como condição da paz, a FLN não está obedecendo a um extremismo gratuito. Concebendo sua política numa perspectiva revolucionária, ela implementou os meios de fazê-la triunfar. O problema argelino há muito tempo deixou de ser assunto de homens políticos. Uma vez que ambas as partes fazem suas escolhas, ele se coloca em termos militares e sua resolução depende essencialmente da evolução da relação das forças em confronto.

É fato bem conhecido que o inimigo não pode contar com uma vitória decisiva e a guerra pode durar indefinidamente. É fato menos conhecido, mas em breve não o será, que as condições de um desastre militar do lado das tropas imperialistas estão cada vez mais efetivadas. A menos que a sensatez se restabeleça na França, o quarto ano da revolução será marcado por uma intensificação da guerra, em que a possibilidade de um desastre francês não pode ser descartada.

Por outro lado, a ideia de independência avançou imensamente no plano internacional. Essa evolução é perceptível mesmo na opinião pública americana e europeia; ela mostra claramente que, hoje, a FLN já não é a única a reivindicar a independência e que a maioria esmagadora das nações lhe fazem eco. A França não poderá resistir por muito mais tempo à maré internacional desencadeada por essa obstinação. Deverá sair de seu imobilismo precário e pronunciar a palavra tabu que hoje ela teme.

A Argélia tornou-se um país que escapa ao domínio da França. Por mais que esta elabore fórmulas emergenciais, novos estatutos para manter a antiga colônia, tais esforços são tardios e inúteis. A nação argelina retomou a liberdade e entrou resolutamente na era da independência.

A Argélia e a crise francesa

El Moudjahid, n. 11, 1º de novembro de 1957[1]

Na segunda metade do século XIX, falava-se do "homem doente da Europa": o Império Otomano. Hoje a Europa também tem seu grande doente: a França. O governo Bourgès-Maunoury, empossado na primavera passada, caiu conforme o previsto no início do outono. Desde 1º de outubro, o presidente da República, Coty*, está em busca de um substituto. Essa longa crise, que não é a primeira do gênero, é vista por todos os observadores estrangeiros como uma das mais sérias.

O governo Bourgès-Maunoury foi derrubado diretamente por conta da questão argelina, pois foi seu projeto de "lei-quadro" que foi rejeitado. Não obstante, assistimos, desde o início da crise e durante todo o período de "parto" do novo governo, a um verdadeiro desvio e escamoteio dos verdadeiros problemas. Pouco se fala da Argélia – pelo menos em público! Os ministros e os ministráveis, os presidentes sondados, fingem ignorar a questão, para falar – e insistir – apenas no que chamam de "dificuldades financeiras".

Entretanto, embora os franceses continuem a jogar admiravelmente o jogo do avestruz, enfiando a cabeça na areia, os observadores estrangeiros são menos cegos. Assim, escreve o *New York Times*:

> Há três anos, o conflito entre a França e os nacionalistas da Argélia é fonte de instabilidade política na França e uma sangria em sua economia. A Argélia é o problema que causou a queda do governo do presidente Mendès France em 1955. Estava na base das questões econômicas que provocaram a queda do

---

[1] I, p. 151 e seg. (JF; GP).

* René Coty foi o último presidente da Quarta República; governou de 1954 a 1959. (N. E.)

presidente Guy Mollet nesta primavera. A busca de uma solução para o problema argelino fez sua terceira vítima política, o presidente Bourgès-Maunoury. Enfim, a questão argelina custou caro ao prestígio internacional da França. [...] As relações internacionais da França se deterioraram muito.

O *Times* britânico escreve, por sua vez:

Acaba de ser provado mais uma vez que a Assembleia eleita há dois anos não permite nenhuma liberdade de manobra. É possível chegar a uma maioria *ad hoc* quando os debates se referem a um tema pouco importante ou quando, como no caso do Mercado Comum, as paixões não se agitam. Mas, em se tratando da Argélia, a questão é outra. Nesse caso, a Assembleia só é capaz de produzir uma maioria negativa. [...] É um erro forçar as analogias, mas o fato é que as duas maiores crises políticas que assolaram a França do pós-guerra, a da Indochina e a da CED[2], foram resolvidas como agora na Argélia.

O *New York Tribune,* enfim, dá ênfase à gravidade da crise política francesa e à sua relação com a guerra da Argélia. Sob o título: "A França mais uma vez em dificuldade", lê-se: "A Argélia apresenta, para a França, uma das mais cruéis e mais perigosas dificuldades de sua longa história. [...] Mais uma vez, num momento crítico para suas próprias questões e para as do mundo, a França se encontra sem governo".

É evidente que a guerra da Argélia e a revolução argelina são a causa direta da crise francesa. Sem dúvida a insurreição de 1º de novembro de 1954 foi subestimada, se não até considerada com certo desprezo pelos governantes franceses. "O que podiam fazer algumas centenas de *fellaghas** (*sic*) contra a polícia e a gendarmaria francesas, sem falar do Exército?" Mas, aos poucos, o "surto de terrorismo" tornou-se uma colossal revolução de todo um povo, em toda a extensão do território. Toda a Nação argelina entrou em ação para

---

[2] Em 1954, sob a pressão concomitante dos gaullistas e dos comunistas, e num clima de pacificação da Guerra Fria, a Câmara se divide e acaba por rejeitar o tratado de criação de uma Comunidade Europeia de Defesa subordinada à Otan.

* Confusão entre os termos árabes *fallah* (camponês) e *fallaq* (rebelde), que em francês deram origem a *fellah* e *fellagha*. (N. E.)

romper a dominação colonialista e instaurar um Estado soberano, um regime de liberdade, paz e progresso.

Para tentar esmagar essa insurreição nacional, os colonialistas despejaram na Argélia tropas cada vez mais numerosas, armas cada vez mais poderosas. De um efetivo de cerca de 80 mil homens, o Exército francês passou a 800 mil na Argélia, sem contar os policiais, os gendarmes e as tropas de apoio. Divisões da Otan foram até retiradas da França e da Alemanha para serem lançadas contra a crescente força da resistência argelina. Blindados, aviação, marinha, nada falta às hordas imperialistas.

Mas essa guerra injusta e bárbara travada pela França lhe custa caro demais. A França não perde apenas vidas humanas, a vida de seus jovens soldados e oficiais, mas também centenas de bilhões de francos, ou seja, uma importante parcela de seus recursos. Uma comissão da ONU avaliou em mais de 700 bilhões de francos por ano o custo da guerra da Argélia para a França. A esse número, é necessário acrescentar as despesas paramilitares, administrativas, ligadas a esse esforço de guerra. Outra causa de perda: a ausência de mais de meio milhão de trabalhadores dos setores econômicos e, paralelamente, a necessidade de importar mais do estrangeiro para atender às necessidades da guerra colonial.

Em apuros na Argélia tanto no plano econômico e militar como no político, a França está ausente do tabuleiro de xadrez internacional. Mais ainda, para seus aliados ocidentais ela constitui um fardo pesado, pois não apenas devem suprir sua omissão na Europa, como precisam defender uma causa que não poderia ser pior. Também caiu muito o prestígio da França no mundo e mesmo entre seus aliados. Prova disso é não apenas sua incapacidade militar e política, como também sua decadência moral. O mundo está alerta aos métodos bárbaros utilizados contra o povo argelino e não há reunião internacional em que a França não esteja na berlinda, em que seu colonialismo não seja denunciado.

Enquanto isso, o equipamento econômico, social, cultural do país está freado, quando não paralisado. A crise habitacional continua grassando; a reforma e a modernização do ensino são adiadas; os funcionários esperam o cumprimento de promessas; os camponeses pedem auxílio para a atividade; os preços sobem. Sobrecarregada pelo aumento de taxas e impostos, a economia francesa não pode manter-se diante da concorrência estrangeira. A inflação do orçamento interno é acompanhada de uma diminuição das divisas externas. O franco teve uma desvalorização de 2%. A crise financeira beira a catástrofe. Para enfrentar a situação, os governos são levados a adotar uma política de austeridade severa: congelamento de salários, aumento de impostos e taxas diversas. O que está ameaçado é o nível de vida de cada francês.

Mas aí aparecem as contradições. Aqueles mesmos que defendem a política colonialista da guerra na Argélia são incapazes de suportá-la. As classes e as castas, campesinato, patronato, classe operária, recusam-se a carregar o fardo. Essas contradições, essas lutas repercutem naturalmente no Parlamento. Além de haver conflito entre os partidos, a crise é tal que cada partido se vê dividido, cindido em clãs, segundo o jogo de interesses. Eis de onde nascem as crises ministeriais, eis a causa da instabilidade governamental.

Em vez de encarar a realidade, de analisar honestamente as causas do mal, os dirigentes franceses, mais preocupados com seus interesses pessoais e de clã do que com o destino do país, embrenham-se na demagogia e buscam álibis para seus fracassos. Ontem, a culpa era de Nasser! Hoje, o mal provém do comunismo internacional e, paralelamente, desses "anglo-saxões que cobiçam o petróleo do Saara". Quando esses dirigentes franceses se dignam a olhar para si mesmos, acaso é para mudar de política, para repensar toda a orientação? Não, é para encontrar um novo clichê, um novo álibi: "Reforma das instituições, necessidade de um executivo forte e estável" etc.

Evidentemente, de crise em crise, as instituições francesas acabarão por se desgastar, por "quebrar". Aonde levará essa explosão? Ninguém é capaz de prever. Pode-se muito bem imaginar uma ditadura: os nomes de De Gaulle, do marechal Juin são citados. Mas esse regime forte – essa ditadura mesmo –, o que poderá fazer? Acaso disporá de uma varinha mágica? Os mesmos problemas se colocarão: um esforço de guerra cada vez maior; uma hemorragia financeira cada vez mais dramática; conflitos sociais mais aguçados e, externamente, um isolamento mais completo.

Por outro lado, a revolução argelina se amplia. O Exército de Libertação Nacional se desenvolve, se aperfeiçoa, se municia cada vez mais. Bate e baterá cada vez mais forte, até abalar, até destruir a máquina colonialista.

Na verdade, não existe hoje um problema argelino, existe um problema francês. De fato, dizer que há um problema é supor que existem soluções ainda desconhecidas. Ora, no caso da Argélia o caminho está perfeitamente traçado, é a marcha para a independência, é a luta revolucionária para reconquistar um direito natural, um direito legítimo. A estrada pode ser longa e difícil, mas não existe outra. A Argélia segue o movimento histórico.

Em contrapartida, fica evidente que a França é incapaz de adaptar-se a esta segunda metade do século XX, a este período de descolonização. A partir de 1945, só libertada graças aos Aliados e à Argélia, a França empreendeu guerras de reconquista colonial. Ontem a Indochina, hoje a Argélia, amanhã a África Negra. Recusando-se a encarar a realidade, obstinando-se contra o movimento inevitável de libertação nacional que anima os povos colonizados, e o povo argelino mais do que qualquer outro, a França só pode se exaurir e se aviltar.

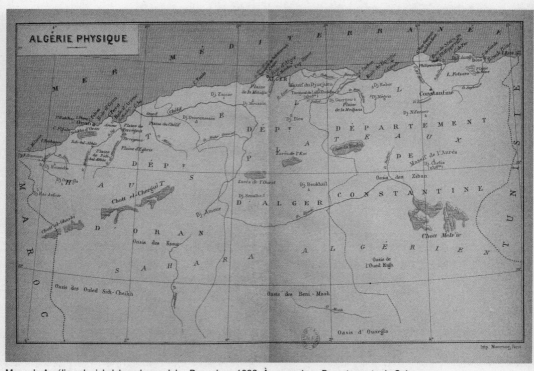

Mapa da Argélia colonial elaborado por Jules Renard em 1892. À esquerda, o Departamento de Orán; no centro, o Departamento de Argel e à direita, o Departamento de Constantina. Abaixo, o Saara argelino.

O conflito argelino e o anticolonialismo africano

El Moudjahid, n. 11, 1º de novembro de 1957[1]

Os colonialistas franceses, a partir da internacionalização do problema argelino, surpreendem-se que tantos países os condenem. Esse julgamento generalizado dirigido contra a política francesa na Argélia chega a ser interpretado como consequência de certa francofobia. Na realidade, essa reprovação unânime deve ser entendida de maneira mais simples. A maioria dos países que votam contra a França são antigas colônias que, naturalmente, viveram o sistema colonial de modo muito doloroso. Por isso, os países e os povos mais resolutamente a nosso favor são os de Bandung[2]. Apoiando nossa luta e concedendo-nos uma simpatia ativa, os países de Bandung cumprem um triplo dever.

E, antes de tudo, para com um país de 12 milhões de habitantes que hábeis manobras de prestidigitação colonialista acreditaram poder abater. Os países de Bandung já de início reconheceram a FLN como a única organização capaz de mobilizar a Argélia. Nossos representantes foram assim credenciados por eles e a história da diplomacia argelina pós-colonial começou pela grande fraternidade e pelo apoio inesgotável dos países árabe-asiáticos.

Tal atitude supõe, evidentemente, fins concretos. As ex-colônias têm perfeita consciência de estarem acelerando a liquidação do colonialismo em

---

[1] I, p. 154 e seg.
[2] A conferência de Bandung, realizada nessa cidade indonésia em abril de 1955, marcou o nascimento do movimento dos países "não alinhados" (nem ao bloco ocidental nem ao bloco soviético). Ela acolheu representantes de 29 Estados independentes do "Terceiro Mundo" e grande número de movimentos de libertação dos países ainda sob tutela colonial – entre os quais a FLN argelina.

escala mundial. A contestação radical do sistema colonial, independentemente das nações que o exercem, e a vontade de destruí-lo, de arrancar-lhe as raízes, cercá-lo até a rendição completa e incondicional são para elas tarefas muito definidas.

Enfim, antigas vítimas de um colonialismo internacional, durante muito tempo ainda elas inspiram suas decisões num anticolonialismo sistemático. Visam diretamente à consolidação de sua recente independência e o fortalecimento do campo anticolonialista. Essa solidariedade internacional, intensificada pelo coeficiente particular de anticolonialismo que a anima, justifica-se pela história das conquistas coloniais.

Todavia, as posições adotadas na ONU não se explicam apenas [pelas] memórias comuns. A urgência de uma solução que esteja de acordo com os direitos dos povos revela-se cada vez maior desde a divulgação das torturas justificadas e legalizadas pelas autoridades francesas. Um problema de moral internacional apresenta-se hoje e raras são as nações, ontem ainda hesitantes, que não modificaram fundamentalmente sua atitude com respeito à França.

Ora, se a independência da Argélia deve consolidar as jovens independências, se sua consequência efetiva é enfraquecer consideravelmente o bloco colonialista, como não pensar nas outras colônias francesas? Impondo um recuo ao colonialismo, a libertação da Argélia torna possível, ou em todo caso menos ilusória, a reivindicação nacional das outras colônias. A independência da Argélia cristaliza as vontades nacionais das outras colônias, abala os fundamentos do sistema, obriga o colonialismo a repensar-se, pôr-se em movimento, criando aqui e ali uma lei-quadro para a África Negra ou reclamando ansiosamente a reformulação do título VIII da Constituição Francesa.

A maior obsessão do colonialismo é, na verdade, ter de reprimir ao mesmo tempo dois movimentos de libertação. Por isso, a cada nova guerra nacional, e para evitar seu alastramento, os colonialistas afrouxam um pouco mais a opressão nos outros territórios. A guerra da Argélia, como um espectro, assombra as outras colônias francesas. E o sistema de defesa do colonialismo inclui o conjunto do seu império.

A essa habilidade tática do colonialismo deve responder uma solidariedade estratégica dos territórios ocupados pelas forças francesas. Hoje é possível avaliar o irrealismo de tal doutrina, segundo a qual haveria uma solidariedade orgânica entre o proletariado dos países colonialistas e [o] dos povos colonizados. Na realidade, a teoria do anticolonialismo está sendo elaborada hoje e todas as teses conhecidas até agora se revelaram totalmente falsas. Os povos coloniais em luta por sua independência devem contar antes de tudo com seus irmãos colonizados.

O maior erro, aliás, seria apostar numa pretensa solidariedade instintiva e espontânea. O colonialismo, no que tem de mais perverso e mais condenável, consegue jogar uns contra os outros homens que têm tudo para ser solidários e que são degradados por uma opressão comum. Os homens da África Negra, de Duala e Cotonu, de Dakar e Abidjã, estão em rixa com nosso povo. E os colonialistas, que não se assustam com nada, organizam encenações macabras em que predominam o desprezo pelo homem e a vontade de opor radicalmente os argelinos aos daomeanos ou senegaleses.

O massacre [do departamento] de Bône elucida um método hoje codificado. Em abril de 1956, três soldados da África Negra foram mortos numa escaramuça com uma divisão do ELN. Os cadáveres foram levados pelos franceses, horrivelmente mutilados e devolvidos ao acampamento. Depois, com base em pretensas informações, apontam um bairro da cidade como ponto de partida dos comandos. Algumas horas depois, caminhões despejam nas ruas estreitas homens desvairados pelo espetáculo horrível de seus companheiros mortos. Essa operação resultaria em mais de cem civis mortos. Pouco depois, vários soldados que participaram da matança e descobriram a terrível encenação desertam das fileiras do Exército francês e juntam-se às forças argelinas. Os exemplos recentes de Blida (dezembro de 1956), onde o bairro inteiro das Glacières foi metralhado, e o de Tlemcen (junho de 1957), quando a cidade foi bombardeada, indicam que essas manobras ainda são utilizadas em detrimento de nossos povos.

Mas a fraqueza do colonialismo reside nas contradições que o animam. Hoje, cada vez mais em número maior, os soldados da África Negra recusam-se a lutar contra seus irmãos argelinos. Metralhadores, são exímios em tiros altos e as balas passam 20 centímetros acima de nossas unidades; encarregados de revistar as *mechtas**, limitam-se a abrir as portas das casas sem se preocupar em inspecioná-las; enfim, em várias ocasiões eles favoreceram a fuga de civis argelinos.

Essa consciência da identidade dos fins almejados constatada no seio das tropas da África Negra elucida, ao mostrar seu caráter anti-histórico, a atitude de certos líderes políticos africanos: suas declarações contêm expressões que o sr. Lacoste não condenaria. O fato de a França mobilizar colonizados para justificar ideologicamente sua guerra de reconquista colonial mostra o grau de decomposição do sistema.

A afirmação da Argélia francesa é uma fórmula que a opinião pública internacional perdoa aos dirigentes franceses. Está assentado que ninguém mais lhe dá crédito. Retomada por um africano, ela traduz uma inconsequência fundamental. Há alguns anos, certos homens de cor, ministros ou presidentes de Câmara, afirmam em viagens organizadas que não existe racismo na França, que o colonialismo é uma boa coisa e que os povos coloniais são gratos à mãe pátria. Há uma falta de pudor em expor-se dessa forma em espaços internacionais e transformar-se em prova documental. A impostura é flagrante e os povos que sofrem o racismo e a exploração colonial a sentem como uma chaga dolorosa.

O envio à ONU de delegados africanos para defender a tese francesa sobre a Argélia é hoje seriamente considerado. Nomes são citados. Os colonizados que, na qualidade de álibi ou produto de exportação, ocupam um cargo no sistema colonialista deveriam ter uma preocupação fundamental: aliar certa dignidade ao oportunismo demagógico que caracteriza os colaboradores. É literalmente não se importar com a honra da África Negra e com sua miséria declarar em seu nome, diante de uma assembleia internacional da qual um dos objetivos é acabar com o mundo colonialista, que o universo do chicote, do Código do Indigenato, dos *boys à cinq sous*** ou dos massacres de Philippeville deve ser protegido e reforçado.

---

* Pequenos aglomerados de habitações rudimentares. (N. T.)

** Literalmente, "meninos a cinco tostões". *Boy* era como se chamavam os empregados domésticos nativos que trabalhavam para os europeus nos países colonizados da África Negra e da Ásia, em geral muito mal pagos. (N. T.)

O povo argelino, em fevereiro de 1957, sentiu-se profundamente ferido pelo uso que os franceses faziam de Chekkal[3]. A consciência nacional não tolera essas traições exploradas, divulgadas em jornais, exibidas à opinião pública mundial. A consciência nacional tem senso estético e [o fato] de que, diante dos representantes dos povos de Bandung, a apologia do colonialismo fosse feita por um colonizado pareceu-lhes absolutamente inaceitável.

O significado profundo da recente conferência de Bamako é justamente ter condenado "sem ambiguidade" os principais homens políticos africanos que há três anos fornecem aos diferentes governos franceses a pretensa caução dos colonizados. Durante o congresso, os homens da África Negra reafirmaram sua absoluta determinação de conquistar a independência de seu país. A mensagem de solidariedade ao povo argelino, adotada com entusiasmo, mostrou que as massas africanas estão conscientes de seus deveres e interesses.

Apesar das promessas de sensatez exigidas, apesar dos múltiplos conselhos de prudência, os observadores franceses em Bamako ouviram a grande reivindicação nacional de 40 milhões de homens. Nem o mau humor dos especialistas franceses em alquimia constitucional, nem as ameaças, nem as retiradas ofendidas do sr. Houphouët-Boigny puderam derrotar a vontade popular. A lei-quadro para a África, da qual se chegou a dizer que representava a maior realização da civilização francesa no século XX, foi varrida em 36 horas. A história da África, interrompida por séculos de colonialismo, recomeça hoje.

O grande concerto dos povos africanos está ameaçado e nada deve alterar suas primeiras notas. Frobenius, restituindo à África sua verdade e seu valor, assinalou o intercâmbio intelectual, econômico e político através do Saara[4].

---

[3] Trata-se do advogado Ali Chekkal, adepto e defensor da causa francesa na ONU em fevereiro de 1957; foi morto três meses depois em Colombes por um militante da FLN.

[4] As teorias do antropólogo alemão Leo Frobenius (1873-1938) tiveram influência considerável sobre Léopold Sédar Senghor e Aimé Césaire – este último publicou traduções dele durante a guerra em sua revista *Tropiques*. Frobenius via a África como um continente composto por sociedades perfeitamente ordenadas, em especial do ponto de vista estético, e extremamente integradas ao ambiente, a barbárie vinda das civilizações que o destruíam. Sobre a visão "germânica" da África de Frobenius, ver Christopher L. Miller, *Theories of Africans: Francophone Literature and Anthropology in Africa* (Chicago, University of Chicago Press, 1990).

Ontem, os intelectuais de Tombuctu se encontravam em Túnis ou Bugia e os de Dakar se reuniam em Fez ou Tlemcen. A mais formidável convulsão de sua história agita o continente africano. Um grandioso processo está em marcha. O futuro será implacável para aqueles que obstruírem seu pleno desenvolvimento.

Uma revolução democrática

El Moudjahid, n. 12, 15 de novembro de 1957[1]

Em 1º de novembro de 1954, o povo argelino tomou a decisão irrevogável de mudar seu destino, virar a página mais sombria e mais trágica de sua história e tomar o caminho de um mundo novo, livre da opressão e do obscurantismo. Essa data não marca apenas uma transição, uma simples passagem de uma fase histórica para outra. É o ponto de partida de uma vida nova, de uma nova história, da história da Argélia completamente mudada e renovada sobre bases inteiramente novas.

Esse segundo nascimento é condicionado por uma luta sem trégua contra todas as forças de retrocesso e decadência. Exige a destruição do regime colonial e, através dele e de maneira inseparável, a liquidação de todas as amarras do passado, de todos os germes de deliquescência e servidão que vêm minando a sociedade argelina há séculos.

Desde 1830, o povo argelino lutou ininterruptamente contra o ocupante colonial, cujo poder e domínio sobre o país ele nunca se resignou a reconhecer. Em 1957, a reconquista do território nacional e a restituição da soberania às mãos do povo não implicam uma volta a 1830, não significam que a Argélia deve retornar à situação de um século atrás. Se a restauração da soberania cria na Argélia uma situação idêntica à que existia antes de 1830, ou seja, quando nosso país constituía um Estado independente, isso só é verdade no plano intemporal do direito.

Na realidade, a situação já não é a mesma. As condições objetivas não cessaram de se transformar durante 125 anos e continuam a se transformar

---

[1] I, p. 162 (JF; GP?).

debaixo de nossos olhos. A libertação do regime colonial não nos restitui uma Argélia idêntica à de um século atrás. Isso, aliás, não seria desejável; o povo argelino, que aceita imensos sacrifícios, encaminha-se com todas as forças para o advento de uma Nação moderna que possa ocupar um lugar honroso no mundo de hoje.

As estruturas econômicas e sociais sobre as quais estava construída a sociedade argelina do século passado já não são viáveis na nossa época. Essa sociedade, que poderia ter-se adaptado ao mundo moderno no contexto de uma evolução normal, foi brutalmente interrompida em 1830 pelo sistema colonial que lhe interditou qualquer possibilidade de desenvolvimento e progresso. Não se trata de construir um Estado independente sobre bases anacrônicas e instáveis. Para que a Argélia seja promovida a Nação moderna e independente é necessário que haja a libertação do país do jugo estrangeiro, a destruição das estruturas coloniais e, também, a ruptura com as estruturas pré-coloniais ou o que subsiste delas depois de uma opressão secular.

À liquidação do colonialismo acrescenta-se, concomitantemente, a das estruturas medievais e feudais, nas quais ele se apoiava com tudo o que envolvem de preconceitos e fatores de retrocesso, e devem ser substituídas pelas estruturas da sociedade moderna. Na Argélia, a guerra de libertação nacional confunde-se com a revolução democrática. A luta pela libertação nacional não implica necessariamente tal revolução. Mas esta só é possível no contexto de uma nação independente ou que está se libertando. É nesse sentido que "revolução argelina" significa ao mesmo tempo o processo de libertação do jugo estrangeiro e a destruição dos vestígios feudais da Idade Média que deverão dar lugar aos fundamentos democráticos de uma nação moderna.

A revolução democrática prepara o advento da democracia. Esta noção pode ser entendida em dois níveis diferentes. Por um lado, a democracia canaliza os valores essenciais do humanismo moderno relacionados ao indivíduo considerado como pessoa: liberdade do indivíduo, igualdade dos direitos e dos deveres dos cidadãos, liberdade de consciência, de reunião etc., tudo o que permite ao indivíduo se desenvolver, progredir e exercer livremente seu juízo e iniciativa pessoais. Por outro lado, a ideia de democracia, que se opõe a tudo o que é opressão e tirania, define-se como uma concepção do poder. Significa, neste caso, que a fonte de todo poder e de toda soberania emana do povo, que os exerce em seu exclusivo proveito. Poder do povo pelo povo e para o povo. Assim definida, a democracia se opõe a toda forma de opressão do povo ou do indivíduo, que poderia ser exercida por qualquer regime estatal dirigido contra a vontade popular.

Em que medida a guerra de libertação nacional na Argélia é acompanhada por uma revolução democrática? A luta travada pelo povo argelino tem um caráter duplo, e um polo não é menos importante do que o outro. Por um lado, ela se expressa por uma afirmação pelo argelino de sua personalidade histórica, alienada pelo colonialismo e reconquistada com a tomada de consciência cada vez mais aguda de sua originalidade nacional e cultural. Por outro, essa luta se inspira no ideal revolucionário e nos valores da época moderna. Reflete um esforço de adaptação às estruturas desta última, esforço que se tornou necessário e urgente com uma tomada de consciência cada vez mais nítida do quadro fictício do departamento e do modo de vida arcaico perpetuado pelo colonialismo.

Essas duas tomadas de consciência foram aceleradas na Argélia, onde alcançaram um raro grau de profundidade, pelo próprio regime colonialista. A opressão que é exercida na Argélia é tal que, seguindo um processo de despersonalização e atomização implacável, ela tende à aniquilação do povo. Diante desse perigo mortal, o povo argelino reage com uma violenta tomada de consciência vital que tem como efeito, por um lado, um retraimento obstinado em seu Eu ameaçado e, por outro, um aprimoramento de suas faculdades de adaptação aos valores modernos. A necessidade de se perpetuar engendra no argelino o desejo de ser ele mesmo e compreender o Outro, assimilar a experiência moderna sem se deixar assimilar pelo outro.

Essa dupla exigência faz com que o povo argelino seja ao mesmo tempo o mais nacionalista e o mais aberto que existe, o mais aberto ao islã e também o mais receptivo aos valores externos ao islamismo. Dos povos muçulmanos, talvez seja um dos mais apegados à fé muçulmana e dos mais imbuídos do espírito do Ocidente moderno. Assim, a reação mais natural do povo argelino a um colonialismo destruidor foi a assimilação paciente dos valores técnicos modernos. Assim, a noção de democracia não lhe é estranha; os valores que promoveram o desenvolvimento do indivíduo, e sem os quais não há progresso possível, ele os adotou e os preza ainda mais por ter sido privado deles.

Só uma propaganda grosseira acusará o povo argelino de querer edificar um Estado feudal ou teocrático em que reinem soberanos os preconceitos medievais, como o fanatismo religioso e a xenofobia. As apreensões quanto ao futuro da minoria francesa no contexto argelino não têm fundamento. Só podem provir de opressores obcecados que temem ser oprimidos, por seu turno.

O sentimento nacional do povo argelino, por mais exaltado que seja, jamais o fará perder de vista a ponderação e a lucidez, condições para qualquer êxito vital e que podem ser assimiladas à inteligência política. Com o 1º de novembro de 1954, o argelino recupera a unidade e a verdade na alegria e no entusiasmo do sacrifício, realiza-se a fusão entre o ideal nacional e o ideal revolucionário, ocorre uma síntese dinâmica criadora entre as aspirações do Eu cultural nacional e o espírito moderno em sua universalidade. Temos no ELN uma encarnação impressionante dessa síntese; o ELN é o cadinho em que se fundem intimamente os valores nacionais e o espírito moderno, em que uma nova nação argelina se forja e se ensaia no combate pela libertação.

Daí o prodigioso ímpeto da revolução argelina, liberando de uma só vez as energias que dormitavam há séculos nas diferentes camadas populares, numa torrente na escala da História e cuja natureza rompe todos os diques, vence todos os obstáculos, subverte todas as formas paralisadas da vida.

Até agora a democracia foi tratada como uma noção cultural, tomada como um dos componentes essenciais do espírito moderno, por oposição à consciência feudal. Para defini-la, seria preciso conferir-lhe um conteúdo social objetivo, ou seja, apreendê-la essencialmente como concepção do poder. Nesse caso, seria preciso indagar em que medida o povo argelino, que está se libertando, está fazendo uma revolução democrática. Mais uma vez, impõe-se a verdade de um colonialismo que engendra uma consciência revolucionária tanto mais profunda quanto maior a opressão.

É fato que, conduzindo a guerra de libertação a um desfecho vitorioso, o povo argelino não se contentará com uma independência política nominal. Ele não pretende se desvencilhar da opressão política para se resignar a uma opressão econômica que lhe impeça todo progresso social e confira à independência recém-adquirida um caráter ilusório.

O povo argelino quer libertar-se do colonialismo, porém só concebe essa libertação numa perspectiva revolucionária que implica o fim das relações feudais e a destruição de todas as estruturas econômicas da colonização. O conteúdo social da noção de democracia varia conforme os regimes encarregados de aplicá-la. Obtendo sua independência, o povo argelino, que foi submetido a uma tremenda exploração, só poderia subsistir edificando uma democracia social efetiva. Assim, a revolução democrática insere-se no processo da guerra de libertação, inserção essa que leva ao apogeu as aspirações mais profundas de todas as camadas do povo argelino, visando a realização de um ideal ao mesmo tempo político e social, nacional e revolucionário.

Independência nacional e revolução democrática são indissolúveis na atual luta do povo argelino. O sucesso de uma implica o triunfo da outra. O advento de uma democracia efetiva só é possível com o advento da independência nacional. Isso explica a recusa obstinada do colonialismo a reconhecer esta última, na qual vê o abismo em que submergirão suas esperanças mais secretas.

Empenhado numa luta mortal, o povo argelino manterá até a vitória o objetivo que definiu para si e edificará uma real democracia social e econômica cuja primeira consequência será a consolidação e a salvaguarda de uma independência conquistada a tão alto preço.

Mais uma vez, por que a precondição?

El Moudjahid, n. 12, 15 de novembro de 1957[1]

A última declaração do CCE[2] provocou reações diversas no mundo. Alguns amigos nossos não esconderam a decepção diante de nossa reafirmação da precondição da independência, indispensável a qualquer negociação. Nossos amigos, admirados com o que já está sendo chamado de nossa irritação e nossa surdez aos conselhos de sensatez, estimam que chegou a hora de a FLN inaugurar uma nova política, flexibilizar sua posição, enfim, abandonar essa precondição.

Por que mantemos a precondição? Tendo afirmado há três anos que nenhuma negociação oficial seria possível sem essa condição, a FLN teme dar a impressão de que está recuando, teme estar se desonrando? Acaso a FLN é escrava de uma palavra, deixou-se enredar numa fórmula e, por isso, temos de pressioná-la para ajudá-la a se libertar de si mesma? Ou antes, a FLN, acreditando expressar o desejo profundo do povo, quer apagar, ao exigir essa declaração oficial espetacular, 130 anos de indignidade nacional que as forças francesas nos impuseram? É reflexo de amor-próprio, conduta de soberba, chauvinismo exacerbado? A FLN, mantendo intactas suas condições para qualquer negociação, pretende levar a França, pela declaração de independência, a reconhecer a derrota de seus exércitos, a inutilidade das torturas e das exações? Devemos ver, nessa aparente intransigência da FLN, uma vontade de humilhar a França, de obrigá-la a reconhecer o fracasso de todas as

---

[1] I, p. 165 e seg. (JF; RM).
[2] Comité de Coordination et d'Exécution [Comitê de Coordenação e Execução], órgão de direção da FLN de agosto de 1956 a setembro de 1958.

suas tentativas, a inutilidade de todos os seus esforços? Acaso essa declaração corresponderia à confissão, por parte da França, de uma derrota militar e diplomática?

Essas questões, que muitas vezes assumem um tom de acusação, criam uma atmosfera de desaprovação amigável e o que se espera é que a FLN ouça a voz da "razão". Nessas condições, parece-nos necessário explicar por que mantemos a precondição de uma declaração, por parte da França, de sua decisão de reconhecer a independência argelina.

O que é negociar? Por que se negocia? Negociar é fundamentalmente empreender discussões, organizar o encontro dos diversos representantes das partes em confronto a fim de chegar a um acordo. Não se negocia em qualquer momento nem com qualquer um. Uma negociação entre o governo francês e os representantes argelinos em 1953 é uma hipótese absurda. Nenhuma mudança da situação permitia algo assim. Na Argélia, em 1953, aos olhos da opinião pública internacional, a França estava sozinha consigo mesma. A partir de 1º de novembro de 1954, ou seja, há três anos, a França encontrou na sua frente, na Argélia, uma força crescente, e nem as declarações oficiais de seus representantes nem as mentiras de sua imprensa puderam esconder a amplidão das lutas, a violência dos embates, a extensão das torturas infligidas aos civis argelinos, a repressão atroz que um exército de um milhão de homens exerce sobre o povo argelino.

Em 1º de novembro de 1957, duas forças se confrontam na Argélia: o povo argelino em luta por sua independência e o exército colonialista francês. Decidir negociar na Argélia, hoje, implica levar em conta a nova situação criada pela vontade de 12 milhões de homens, avaliar a determinação irredutível de um povo de ser livre, saber que as relações entre dominador e dominado, senhor e escravo, terminaram na Argélia; implica decidir, num mesmo ato, romper o círculo vicioso e inaugurar o reinado da liberdade, da existência nacional, do respeito recíproco.

Até agora, nenhum governo francês, nenhuma autoridade francesa dirigiu-se ao povo francês para lhe dizer essas verdades. Em três anos, as autoridades francesas, em suas declarações oficiais, nunca consideraram a necessidade de repensar a própria estrutura das relações entre a

Argélia e a França, mas assistimos constantemente a um reforço das teses colonialistas, a uma intensificação da repressão. Nunca a ficção "Argélia, terra francesa" foi tão proclamada. Como negociar, nessas condições, sem garantias? As únicas declarações oficiais francesas concernentes a nossa pátria afirmam a Argélia como parte integrante da República Francesa. Como pensar em eventuais negociações se nenhuma declaração expressar uma mudança das perspectivas, uma nova direção nas concepções?

Afirmam-nos que essas mesmas autoridades francesas, tão pródigas em tomadas de posições veementes e francesas, não expressam sua opinião pessoal. Privadamente, todos esses homens reconheceriam que, mais cedo ou mais tarde, a França terá de admitir a independência da Argélia, mas por enquanto... Dizem-nos que a opinião pública francesa ainda não está preparada, ou que a opinião pública está madura, mas a opinião parlamentar não está, que o importante não é as autoridades francesas declararem isto ou aquilo, mas que se trata de conversar. Vamos conversar, então, sem garantias, sem precondição, sem condições; ao fim das negociações, haverá a independência.

Alguns, por outro lado, não hesitam em apresentar esse plano como uma cilada para as autoridades francesas. Dissemos que negociar é decidir reunir-se com os responsáveis para resolver os problemas pendentes, chegar a um acordo, definir novas relações. A guerra franco-argelina que há três anos levanta o Exército francês contra o povo argelino expressa um desacordo fundamental. O povo argelino pegou em armas para libertar-se da dominação colonialista e conseguir sua existência nacional. Há três anos, todas as energias da nação francesa estão investidas nessa guerra. O objetivo de todos os governos franceses é, há três anos, esfacelar a vontade argelina, reforçar a opressão, aniquilar o espírito nacional argelino. Se o governo francês quer negociar, ele deve manifestar em palavras e atos o mínimo indispensável para ser uma garantia para a FLN e o povo argelino. Esse mínimo só pode ser o compromisso oficial de reconhecer a independência da nação argelina.

Ora, no Parlamento francês não há uma maioria que esteja convencida da necessidade de acabar com essa guerra inútil e odiosa. O que existe é o mais violento nacionalismo, o mais sistemático racismo, o desprezo pela vontade nacional argelina. Querer encetar negociações na esperança falaciosa de que da discussão saia a independência argelina é incontestavelmente passar por cima dos fatos, não levar em conta elementos reais que definem a situação, é dar um pouco demais de importância ao elemento subjetivo e às ilusões.

A FLN, que assumiu o compromisso solene de dirigir a luta do povo argelino, não pode lançar-se numa aventura. A FLN não está armando ciladas para as autoridades francesas. A FLN não acredita que as declarações oficiais não expressem a convicção das autoridades francesas.

O que pedimos ao governo e ao povo francês é que se deem conta de que, depois de três anos de guerra, 12 milhões de homens e mulheres estão absolutamente decididos a existir independentes e livres. O que pedimos ao governo e ao povo francês é que avaliem a responsabilidade histórica que estão assumindo ao prosseguir essa guerra. A declaração de intenções que conteria o compromisso solene da França de reconhecer a dignidade nacional do povo argelino não é exigida para satisfazer um reflexo de amor-próprio. Essa declaração significará, ao contrário, que o governo francês, escapando ao ciclo infernal da destruição e dos massacres coletivos, decidiu levar em consideração a vontade afirmada pelo povo argelino. A verdade é que, atualmente, as autoridades francesas só têm uma perspectiva: a guerra total ao povo argelino.

Em 1º de novembro de 1957, quase todos os responsáveis franceses prometeram perseverar na agressão contra a vontade nacional argelina. Na França, nossos compatriotas são alvo de medidas de detenção, de humilhações. Vários jornais, com a anuência dos serviços oficiais franceses, incitam a população francesa a criar células antiargelinas calcadas no modelo da Ku Klux Klan. O abandono da precondição e o abandono dos objetivos de nossa luta são uma única e mesma coisa. A FLN não trairá a confiança do povo argelino para alinhar-se a algumas boas vontades não inseridas na medonha realidade que é o martírio da nossa pátria. A FLN quer negociar às claras.

O próprio povo francês nada tem a ganhar com essa confusão. Os povos têm direito à verdade. Quando o povo francês souber que as relações entre a Argélia e a França não podem mais se basear na força militar e policial e no desprezo ao direito à existência nacional, relações frutuosas poderão se estabelecer entre nossos dois povos. Nada de sólido e construtivo se elabora com base na mentira e na duplicidade.

Essas são as linhas fundamentais da nossa doutrina política na luta de libertação nacional.

Frantz Fanon em uma coletiva de imprensa na Tunísia, em 1959.
À sua esquerda está Redha Malek, editor-chefe do *El Moudjahid*.

A consciência revolucionária argelina

El Moudjahid, n. 14, 15 de dezembro de 1957[1]

A luta que o povo argelino trava com tanto entusiasmo e furor adquire seu verdadeiro significado não apenas com relação ao colonialismo francês, ao qual ela deve dar fim, mas também e mais profundamente com relação à história da Argélia em seu conjunto, que ela é chamada a transformar e a reconstruir sobre novas bases. O processo de libertação nacional na Argélia é profundo demais para não assumir o caráter de um processo revolucionário que dá à luta anticolonialista um vigor maior e abre perspectivas de uma mudança substancial capaz de alterar o destino do povo.

Os estrategistas tacanhos da política colonial pretendiam ver na insurreição de 1º de novembro apenas uma das múltiplas convulsões locais sem futuro que periodicamente agitam o povo, apenas um incidente banal na engrenagem opressiva que, desse modo, não teria motivo nenhum para não continuar funcionando. Os progressos da luta não tardaram em revelar que se tratou de uma irrupção revolucionária que deveria expressar-se objetivamente numa revolução organizada e em rápido desenvolvimento.

Isso obriga a França a uma revisão radical de suas concepções argelinas, altera seus projetos a curto e longo prazo, desfaz de maneira fulgurante as ilusões acumuladas. Enquanto os ultracolonialistas, estupefatos, veem-se forçados a jogar sua última cartada, os promotores do colonialismo esclarecido estão desarmados, como que pegos desprevenidos diante de um problema que são incapazes de dominar, e cuja dimensão ultrapassa suas concepções tradicionais. Os franceses na Argélia encontram-se diante de um desses

---

[1] I, p. 213 (JF; GP).

turbilhões que surgem apenas uma ou duas vezes na vida de um povo e cuja ação irrefreável acarreta o surgimento de fatores favoráveis a uma arrancada e a um novo ritmo da história.

É próprio de uma revolução mais ou menos profunda – e esse é o caso da Argélia – imprimir movimento às massas, animá-las catalisando suas energias, lançando-as à conquista de seus direitos. Incitadas, elas rompem as estruturas que as mantinham presas ao imobilismo e à passividade e provocam a queda do sistema de opressão, reduzindo-o a pó. É nesse movimento gigantesco que elas tomam consciência de si mesmas, de sua força, e sua capacidade criadora encontra os meios de sua realização.

O destino prodigioso da insurreição de 1º de novembro de 1954 está no fato de que as massas se movimentaram, se puseram em movimento, levando com elas o resto do edifício social argelino do qual elas constituem o alicerce. É graças a essa intervenção das camadas populares que a revolução ataca em profundidade, para além da dominação colonial e através dela, os males inerentes à antiga sociedade argelina que não conheceu mudanças fundamentais desde a época de Ibn-Khaldun*. Escravos de estruturas feudais e patriarcais solidificadas, os camponeses, os *khemmas*, os trabalhadores agrícolas, os pequenos artesãos, que hoje constituem 82% da população argelina, mantiveram-se praticamente à margem da ação social e política, da qual participavam apenas episodicamente e muitas vezes de maneira inconsciente.

---

* Abu al-Rahman Ibn Mohammad Ibn Khaldun al-Hadrami (1332-1406), historiador turco também conhecido como Ibn-Khaldun. Escreveu na Argélia o primeiro volume de sua *História universal*, no qual concilia a análise dos eventos históricos com a psicologia, a economia e o ambiente social em que eles se desenrolam. (N. E.)

Estratégia de um exército encurralado

El Moudjahid, n. 19, 28 de fevereiro de 1958[1]

Seguindo proposta do ministro da Guerra, sr. Chaban-Delmas, o governo francês acaba de decidir a evacuação forçada de toda a área entre a linha "Morice" (Tébessa-Souk-Ahras-Bône), que se prolonga por um dispositivo de radar até Negrine, e a fronteira tunisiana; a população civil será reunida em "campos de alojamento". Os colonialistas franceses querem criar uma zona de proteção que isole a Argélia do mundo exterior e, assim, impedir qualquer entrada de armas para o ELN.

Essa estratégia das "zonas interditadas" não é nova. Desde o início da revolução, vários aduares do Aurés (principal foco da luta na época) foram decretados "regiões interditadas" e a população foi ameaçada de "castigos terríveis" se não evacuasse a área e se dirigisse aos campos franceses destinados a esse fim.

Quando uma zona é decretada "interditada", é feito um verdadeiro ultimato por meio de panfletos espalhados por avião. Ameaçando essa população de bombardeios, esses ultimatos não concedem mais de 48 horas para a evacuação. Diante da recusa dos habitantes a deixar suas moradias, o exército colonialista passa a realizar buscas. Tomando de assalto as *mechtas,* expulsa mulheres, crianças e velhos de seus lares. Essas operações são inevitavelmente acompanhadas de massacres e pilhagens. A população evacuada é, segundo um eufemismo da terminologia colonialista, amontoada em "centros de

---

[1] I, p. 351 e seg. (JF; GP?). Artigo ilustrado por um mapa das regiões interditadas ao longo da fronteira da Argélia com a Tunísia.

reagrupamento". Na verdade, é colocada em regime concentracionário em campos cercados de arame farpado.

A nova zona interditada que o governo francês acaba de decidir criar estende-se por mais de 10.000 km², ou seja, uma superfície equivalente à de três departamentos franceses, e tem cerca de 360 mil habitantes argelinos. Esse número é muito superior ao de toda a população do departamento da Constantina. Assim, a política colonialista, cujo principal álibi é a defesa de uma população minoritária, não hesita em sacrificar os direitos e a própria vida de todo um povo!

Essa decisão de expulsar algumas centenas de milhares de homens, mulheres e crianças de suas casas enfatiza o caráter particularmente bárbaro da guerra da França contra o povo argelino. Com tais medidas, o governo francês viola as regras da própria guerra e todas as convenções de Genebra, especialmente a de 12 de agosto de 1949, que a França assinou. A opinião pública mundial, que legitimamente se comoveu diante do covarde bombardeio de Sakiet Sidi Youssef[2], não deixará de estigmatizar as medidas dirigidas essencialmente contra a população civil. Mas o que estão esperando os governos para lembrar à França o respeito às convenções internacionais?

A decisão de criar uma zona despovoada entre a Argélia e a Tunísia, por outro lado, é reveladora das intenções dos dirigentes franceses. Diante do desenvolvimento da revolução argelina e do contínuo fortalecimento do ELN, que a cada dia inflige derrotas pesadas às tropas colonialistas, diante também da simpatia crescente que a causa argelina desperta no mundo inteiro, os colonialistas franceses, em vez de se renderem à evidência, obstinam-se em sua política insensata e estão literalmente perdendo a cabeça.

Todos os meios imaginados para isolar a Argélia, vigilância das costas, fechamento das fronteiras, revelaram-se inúteis. A tal cerca elétrica que o sr. Morice afirmava intransponível não resistiu à engenhosidade de nossos

---

[2] Em 8 de fevereiro de 1958, em represália aos ataques militares de tropas do ELN estacionadas na Tunísia, a aeronáutica francesa bombardeou maciçamente a aldeia tunisiana de Sakiet Sidi Youssef, na fronteira com a Argélia, deixando ao menos 72 mortos e 148 feridos, dos quais muitos eram civis e crianças. O repúdio internacional foi vigoroso.

moudjahidin. As unidades do ELN atravessam o arame farpado onde e quando querem. Melhor ainda, jornalistas e observadores estrangeiros puderam transitar à vontade e foi dada ao mundo uma prova da força do ELN e de seu controle sobre o território nacional. O mais contundente desmentido das fanfarronadas do sr. Lacoste foi a visita dos delegados da Cruz Vermelha Internacional aos soldados franceses prisioneiros do ELN. Por razões ao mesmo tempo políticas e de prestígio militar, as autoridades francesas não apenas não quiseram facilitar essa visita, como acreditaram que podiam impedi-la. O estado-maior de Argel ressentiu-se duramente desse sucesso do ELN! Este exigiu novos esforços, novas medidas.

Em dado momento, algumas autoridades francesas solicitaram a criação de uma força mista franco-tunisiana na fronteira, constituindo uma barreira entre os dois países. Mas o absurdo e o irrealismo dessa visão não demoraram a se manifestar. Foi então que, em desespero de causa, o governo francês resolveu interditar toda uma zona do leste argelino, numa extensão de cinquenta quilômetros, e mandar que todos os seus habitantes fossem evacuados. As autoridades francesas pretendem submeter essa região a um bombardeio contínuo e intensivo; preparam-se para aplicar nela o método da "terra queimada", lembrando os procedimentos de Bugeaud, de sinistra memória, do qual ainda recentemente o sr. Lacoste vangloriou-se de ser o digno sucessor.

A grave medida que os dirigentes franceses acabam de tomar inscreve-se claramente num plano de guerra total contra a Nação argelina. Numa entrevista coletiva, o sr. Chaban-Delmas, ministro da Guerra, declarou: "As diretrizes do governo, que comunicarei ao general Salan por ocasião da minha viagem a Argel, procuram responder ao imperativo de dar às nossas forças a liberdade de ação sem a qual se julgariam diminuídas quanto à sua eficácia". Assim, por trás das zonas de proteção nas fronteiras, abrigado por um círculo de fogo cercando a Argélia, o exército colonialista poderá, com toda a liberdade, intensificar a guerra contra as populações civis e prosseguir a política de genocídio.

Uma das justificativas oficiais para a criação da nova zona interditada é o pretenso desejo do governo francês de evitar qualquer choque, qualquer causa de incidentes na fronteira tunisiana. Isso é apenas pretexto, pois é difícil conceber como a população civil argelina, cuja evacuação está prevista, poderia provocar incidentes de fronteira. Não será na própria guerra e em sua intensificação que se deve buscar a causa única dos incidentes de fronteira? Suez e Sakiet são a prova clara de que são as derrotas na Argélia impostas pelo ELN que impelem a França a aventuras externas. Enquanto o incêndio perdurar na Argélia, será impossível impedir que as chamas se propaguem para os países vizinhos e todos os países amigos.

Ora, no plano militar, se o estado-maior acredita que pode tirar algum proveito da evacuação dos habitantes de uma região, seu erro não tardará a aparecer. Nas regiões povoadas, o ELN limita voluntariamente suas ações para prejudicar ao mínimo a população civil. Numa zona desabitada, as unidades do ELN apenas retomarão sua inteira liberdade de ação e intensificarão a luta. O inimigo, que parece ter escolhido a zona de fronteira para travar uma guerra clássica, encontrará pela frente um ELN pronto para os combates decisivos. O Exército de Libertação Nacional está suficientemente treinado e equipado para adaptar-se a todas as condições. É justamente nesse corpo a corpo com o exército colonialista que o ELN poderá mostrar sua superioridade. O cerco a que os colonialistas querem submeter a Argélia sempre será rompido. Todas as barreiras – linha Morice, barreira de Chaban-Delmas ou gendarmes da Otan – serão derrubadas e destruídas pelo ELN.

Por sua própria natureza, a revolução argelina não pode deixar de brilhar e suscitar ajuda e simpatia no exterior. Foram-se os tempos sombrios em que a mártir Argélia gemia como numa imensa masmorra. Quebrando as correntes e as grades, o povo argelino retomou o contato com os povos irmãos. A revolução argelina, segura do apoio de todas as forças de liberdade, já é vencedora. Todas as estratégias colonialistas estão fadadas ao fracasso. Não está longe o dia em que toda a Argélia estará interditada para o Exército francês.

Os sobreviventes da terra de ninguém

El Moudjahid, n. 20, 15 de março de 1958[1]

Devolveremos na mesma moeda

A instituição da zona de proteção é uma das medidas desesperadas que a França está adotando apenas para ilustrar melhor o caráter totalmente ineficaz, mas fundamentalmente criminoso, de sua política argelina. Já dissemos e repetimos, a força das armas nunca arrefecerá a vontade do povo argelino. As gigantescas varreduras executadas por meia dúzia de divisões nunca tiveram resultado.

A criação da zona de proteção não surpreende os combatentes argelinos. Não é a primeira vez que o ELN se encontra diante de uma situação desse tipo. As chamadas zonas interditadas se estendem por grande parte do território nacional. Estão a oeste de Orã, no sul de Argel, na Cabília, no norte da Constantina. Não há uma *wilaya**, entre as seis da Argélia, que não tenha sua "zona interditada". A zona de proteção é mais uma. Certamente, ela abrange um território de mais de 300 mil habitantes, mas lembramos que a zona interditada no norte da Constantina (Collo, El Milia, Taher) tem 600 mil.

O ELN tem o benefício de uma grande experiência com zonas interditadas; e foi justamente nessas regiões em que o estado-maior francês imaginou fazê-lo sofrer os golpes mais duros que ele mais se fortaleceu, consolidando sua implantação no seio da população e reforçando suas posições. De valor

---

[1] I, p. 371 e seg. (JF; GP?).

* Província, originalmente do Império Otomano. Encontra-se em português a tradução "vilaiete". (N. T.)

militar quase nulo, a instituição da terra de ninguém* ao longo da fronteira tunisiana é na realidade uma decisão que visa essencialmente a população civil, decisão essa concebida dentro de um vasto plano de extermínio. É como se a França, convencida de sua impotência radical para vencer a luta pela libertação do povo argelino, se obstinasse em impor aos civis argelinos a tática da terra queimada, multiplicando e intensificando as torturas individuais e os massacres coletivos no campo.

Os testemunhos, devidamente verificados, que foram recolhidos da boca dos sobreviventes e dos acampados em Aïn-Khemouda, não longe de Kasserine, são unânimes a esse respeito. Os representantes da imprensa estrangeira presentes no local não deixaram de tomar conhecimento dos fatos.

Desde a agressão de Sakiet, o cerco da repressão – cotidiana, como em toda a parte da Argélia – no corredor compreendido entre a linha "Morice" e a fronteira tunisiana traduziu-se por um súbito ataque das tropas francesas aos aduares e *mechtas*, acompanhado de atos de violência e atrocidade sem precedente. Raros são os habitantes que foram avisados pelos oficiais das SAS** locais de que aquela região faria parte da zona interditada. É durante os massacres e as pilhagens das *mechtas* cercadas desde o amanhecer por forças impressionantes, que o Exército francês anuncia às populações que elas devem se deslocar para as "belas casas" que foram construídas para eles e que, na verdade, não são mais do que os "campos de reagrupamento" instalados perto dos postos militares da linha Morice e destinados a receber as mulheres e as crianças evacuadas à força.

Essas operações, que prosseguem ininterruptamente, são ocasiões para uma demonstração de barbárie até então desconhecida. O alto comando inimigo deu ordens expressas e só eles podem explicar a importância das forças envolvidas e o caráter sistemático dessa imensa tentativa de genocídio, motivando o êxodo mais trágico desde o início da guerra de populações fronteiriças para a Tunísia.

Armados até os dentes, munidos de punhais e cutelos, os soldados franceses entram nas residências, torturam, degolam, mutilam. A pilhagem e a

---

*   No original, *no man's land*. (N. T.)
** Section Administrative Spécialisée [Seção Administrativa Especializada]. (N. T.)

violação presidem suas ações. As parcas provisões dos felás são destruídas, os animais são levados, as casas e as choças são incendiadas. As mulheres, seja qual for sua idade, são estupradas diante de seus filhos. Até homens de idade madura são violentados sob os olhos de suas famílias, conforme testemunha um ex-combatente das duas guerras mundiais que, na sua idade, foi submetido a essa suprema humilhação. Magnetos são levados para dentro das casas, e crianças de três ou onze anos não são poupadas dos choques elétricos. Homens são conduzidos como gado e degolados sob os olhos de familiares. Bebês são arrancados dos braços de suas mães e jogados debaixo dos tanques, enquanto crianças que fogem em pânico são ceifadas por rajadas de metralhadoras.

Essas cenas continuam acontecendo. Cada pequena onda de sobreviventes que chega à fronteira tunisiana traz uma nova amostra desses horrores. O sanguinário e o macabro se misturam ao obsceno. A cada dia que passa, a cada noite que passa, os habitantes da terra de ninguém veem-se mergulhados num pesadelo infernal em que a França desempenha o papel de carrasco monstruoso. Esses atos mostram até que ponto a França está decidida a prosseguir e a intensificar sua empreitada genocida, em que medida o Exército francês é treinado para essa tarefa em que ele parece encontrar sua verdadeira vocação.

O povo argelino está decidido a responder a esses atos com as suas últimas energias; jamais ele se resignará a essas mutilações, a essas técnicas refinadas de humilhação, a esses massacres em massa; jamais aceitará que as mulheres argelinas sejam arrastadas na lama pela soldadesca francesa e as crianças argelinas sejam entregues, indefesas, aos caprichos dos carrascos.

O povo argelino pegou em armas antes de tudo para recuperar sua dignidade. Com seu comportamento na guerra, a França quer convencê-lo de sua indignidade, de sua fraqueza radical; quer domá-lo e domesticá-lo. Está enganada. O povo argelino não se dobrará diante do terror generalizado. Saiba a França que quatro anos de luta eficaz e implacável deram ao povo argelino uma consciência irreversível de sua força e que ele está decidido a devolver na mesma moeda.

Está claro que a França se recusa sistematicamente a observar as leis da guerra quando enfrenta os povos colonizados. As populações civis desarmadas sempre foram alvo fácil de seu exército. Seja na Indochina, em Madagascar ou na África. Seja em 1830 ou em 1958. Porque a França não reconhece no argelino o *status* de ser humano, porque sempre o tratou como uma raça inferior, porque ensinou em suas escolas essa concepção odiosamente racista, os soldados franceses, o governo francês pretendem, sem nenhum peso na consciência, sacrificar as leis da guerra e utilizar livremente os métodos mais vis e mais degradantes contra o povo argelino.

No entanto, a França precisa saber de uma vez por todas que a vida de um argelino é tão preciosa quanto a de um francês, que o argelino que ela quis privar de toda a sua humanidade considera-se antes de tudo um homem, à imagem de todos os outros homens. Por isso será impossível para a FLN continuar a respeitar as leis de guerra se a França insistir em ignorá-las. A FLN se compromete a vingar as vítimas inocentes, a desagravar as humilhações cometidas contra seres indefesos. Se o Exército francês persistir em sua conduta ignóbil, a FLN não recuará diante de nenhuma "lei", de nenhuma "convenção humanitária", de nenhum "excesso". Ela intensificará a luta e fará sentir, até em território francês, a cólera do povo argelino; lembrará, por todos os meios ao seu alcance, a todos os que desdenham dos valores sagrados do homem a determinação de um povo decidido a morrer para defendê-los.

Por outro lado, o povo francês precisa saber que os crimes perpetrados em seu nome comprometem fortemente as futuras relações franco-argelinas. A FLN, hoje, tem o direito de questionar totalmente não só o *status* da minoria francesa tal como o concebia até hoje, como também o próprio princípio da existência dessa minoria na Argélia de amanhã. O povo argelino soberano não aceitará que vivam em seu território libertado carrascos e assassinos que não declinaram de nenhuma profanação e de nenhum sacrilégio; a simples dignidade do homem revolta-se diante de tal eventualidade.

Que os partidários do extermínio do povo argelino, que aqueles que aplaudem com furor os "Sakiet" cotidianos da terra de ninguém tomem seu partido. Os recursos do povo argelino não o deixam desarmado diante de todos esses crimes, cuja própria extensão indica que a hora da libertação está próxima.

O testamento de um "homem de esquerda"

El Moudjahid, n. 21, 1º de abril de 1958[1]

O sr. Paul Rivet, falecido em 21 de março passado, podia ser considerado o protótipo da "esquerda" francesa. Foi um dos fundadores do Comitê de Vigilância dos Intelectuais Antifascistas e tornou-se o primeiro eleito da Frente Popular, em 1935. Amigo do presidente Ho Chi Minh, teve uma atitude lúcida durante a guerra do Vietnã e desempenhou intensa atividade pelo restabelecimento da paz.

Entretanto, eis que diante da revolução argelina Paul Rivet jogou na balança todo o peso de seu nome, de sua reputação de homem de "esquerda", de "democrata" e "anticolonialista" a favor de Soustelle, Mollet e Pineau*. Por solicitação destes últimos, em 1956-1957 ele defendeu em todas as repúblicas sul-americanas, e depois nos corredores da ONU, a causa do governo francês, ou seja, a da guerra colonial e do massacre, chamados de "pacificação".

Numa última conversa que teve com o sr. Gilles Martinet, reportada postumamente pelo *France-Observateur* de 27 de março, Paul Rivet, expressando suas desilusões, não conseguiu esconder certo sentimento de vergonha que lhe provocava o papel que desempenhou a serviço de Mollet e de Pineau. "Em nome deles", disse, "fiz promessas aos governos sul-americanos

---

[1] I, p. 401 e seg. (JF).

* Jacques Soustelle (1912-1990), etnólogo e político de esquerda, foi governador-geral da Argélia de fevereiro de 1955 a janeiro de 1956, e tinha posições favoráveis a uma Argélia francesa. Guy Mollet (1905-1975) era presidente da Frente Republicana e favorável à independência da Argélia, mas exigia imediato cessar-fogo antes de qualquer negociação. Christian Pineau (1904-1995) foi ministro das Relações Exteriores de 1956 a maio de 1958 e, como tal, participou do planejamento e execução da Guerra de Suez e assinou o protocolo de independência da Tunísia. (N. E.)

que nunca tivemos a intenção de cumprir, e só percebi isso tarde demais. [...] Assediei os delegados nos corredores da ONU como as putas abordam os clientes na rua". Destaca-se aqui o grau de decadência ao qual a política colonial francesa reduz as elites desse país. Mas Paul Rivet, decepcionado e até enojado com sua ação, faria seu *mea culpa* e tentaria reparar seus "erros"? Infelizmente não.

Por que ele não se juntou ao partido dos que denunciavam vigorosamente a política colonialista? Porque, segundo ele, "há [nesse partido] homens demais que não fazem caso das tradições do Ocidente, da Europa, da França... É preciso ter orgulho do que a Europa trouxe ao mundo, do que o homem branco – sim, o homem branco – fez pela cultura e pela civilização". E acrescenta: "Nunca pude aceitar que se mostre tanta disposição a aprovar qualquer estupidez quando quem a profere veste um albornoz ou usa um turbante na cabeça..." Chauvinismo e racismo, essa é a herança espiritual deixada por Paul Rivet, "homem de esquerda", se é que era!

Alguns explicam as posições retrógradas desses homens de esquerda na França por uma suposta ignorância do problema colonial ou pelas dificuldades encontradas na ação prática. O testamento de Paul Rivet – e o caso só nos interessa porque é típico – mostra claramente que a questão é a própria ideologia dessa esquerda. Por serem de "esquerda" e "antifascistas" em seu país, certos franceses se julgam no direito de dirigir outros povos, dar lições de democracia, ainda que seja a poder de bombas. Essa ideologia, por se distinguir um pouco da dos "ultras", ainda visa a dominação e o sufocamento de nossa Nação. Ela requer de nossa parte, portanto, mais vigilância e severidade.

A lógica do ultracolonialismo

El Moudjahid, n. 24, maio de 1958[1]

O golpe de Estado ultracolonialista de Argel cria uma situação nova na Argélia e marca uma fase decisiva na batalha anti-imperialista do povo norte-africano. Enfraquecido pela revolução argelina, o colonialismo francês está hoje à beira do abismo. A essa situação desesperada, ele reage com comportamentos cegos e desordenados que denunciam sua profunda desorientação. Preso num círculo de fogo, que se retrai a cada dia, procura desesperadamente uma porta de saída. Acaba de escolher o caminho mais fácil que se oferece, o caminho que fatalmente deveria tomar, que é o do belicismo desenfreado, do golpe militar e da aventura fascista na França.

Não é verdade que o 13 de maio de 1958 marca um ponto final na "política de abandono" e traduz o sobressalto "irreversível" de um colonialismo em recuperação. Queira ou não o sr. Soustelle, a verdade é que, nessa data, o regime colonial entrou em sua última fase, caracterizada pelos últimos gestos de agonia.

A febre que reina nos fóruns e nas praças públicas da Argélia, o delírio coletivo que se apoderou da populaça vociferante das grandes cidades[2], os espasmos que sacodem esses generais que de repente se descobrem com vocação de profeta, tudo isso não é capaz de enganar. São sinais que anunciam o fim: dezenas de jornalistas e observadores estrangeiros que se encontram em Argel assistem, talvez à sua revelia, aos últimos dias de uma sociedade

---

[1] I, p. 462 e seg. (JF).
[2] A fotografia de "alguns argelinos encolhidos e silenciosos, no meio de uma população vociferante que escande bordões ridículos" ilustra este artigo.

colonial que se presumia eterna e que está submergindo sob a gritaria dos alto-falantes, o barulho das botas e das entoações da *Marselhesa*.

O colonialismo francês não ressuscitará. O que se chamou de ressurreição não é mais do que uma vontade absurda de sobreviver, e os que foram apresentados como salvadores não passarão de coveiros fiéis de uma ordem à qual terão servido muito bem. O único recurso que resta ao colonialismo é a revolta. Ele está se insurgindo contra o regime que, de Jules Ferry a Guy Mollet, sempre o sustentou, e o renega; está se insurgindo contra a história que o condena; está se insurgindo contra seu próprio destino, que é o de perecer.

Tragicamente desligado da realidade, sobre a qual já não tem poder, refugia-se no culto místico de mitos ultrapassados e na autossugestão dos loucos delirantes. A Argélia deixou de lhe pertencer. Agarra-se a ela invocando um bordão ridículo: "a Argélia francesa", no qual enxerga virtudes encantatórias. Negando o abismo intransponível que separa para sempre o povo argelino de seus opressores, ele passa, brandindo uma varinha mágica, de uma fraternidade que nunca existiu para uma fraternização impossível.

Os insurgentes de 13 de maio quiseram apagar a realidade com uma limpadela, resolver suas contradições com um piscar de olhos, dar corpo aos seus sonhos perdidos. Tomando o poder em Argel e clamando a "determinação" do exército, os ultracolonialistas acreditavam que tudo voltaria à ordem. Os "muçulmanos" viriam prostrar-se diante deles, a FLN desapareceria, os resistentes acudiriam das montanhas e correriam para aclamar o nome de De Gaulle, a guerra de libertação cessaria e a "Argélia nova e francesa", renovada e vibrante, ocuparia seu lugar ao lado da mãe-pátria reencontrada. Não conseguindo inscrever nos fatos essas imagens alucinatórias, os organizadores do golpe de Estado esforçaram-se para apresentar uma caricatura aos jornalistas com encenações eruditas e montagens sutis. Pois é a isso que se reduzem seus talentos e suas capacidades. Os insurgentes do 13 de maio acreditaram que mudariam o curso da história; só conseguiram acelerá-lo, precipitando a avalanche de acontecimentos que vai engoli-los.

O golpe de Estado de Argel era previsível. É da natureza do colonialismo, que se implantou há 150 anos no flanco do Magrebe, desenvolver todas as suas contradições e desaparecer. Atingido em seus centros vitais, travará o combate até morrer. Não há possibilidade de nenhuma política realista, de nenhuma consideração para com os povos que ele oprime. O despertar dos magrebinos para a consciência da impossibilidade absoluta de assimilar seus interesses aos do imperialismo obriga-o a uma resistência inclemente, uma luta desesperada em que são mobilizados todos os recursos da violência e do maquiavelismo.

Depois da derrocada na Ásia, o imperialismo francês reagrupa suas forças na África, onde se dedica exclusivamente a reforçar suas posições. Ameaçado de perigo mortal na África do Norte, via de acesso direto para o continente, ele se entrincheira na Argélia e lá escolhe decidir seu futuro.

Os imperialistas franceses alcançaram seus fins levantando seu país contra o povo argelino e dando forma nacional e caução popular à sua guerra de agressão e pilhagem. Até hoje o imperialismo colonial jamais conseguiu tamanha mobilização nem realizou impostura semelhante. A França inteira se levantou para opor-se às forças de liberdade e progresso na Argélia, colocando sua juventude, seus capitais, seus recursos morais a serviço do *status quo* colonial. Quatro anos de guerra, contudo, não melhoraram a situação do colonialismo. Muito pelo contrário, diante de um povo decidido, atolou-se gradualmente no lamaçal argelino, à mercê da usura e do desespero.

Os dirigentes franceses mais lúcidos constataram a falência da política da França na Argélia e do fracasso da "pacificação". A parcela mais inteligente do imperialismo compreendeu a inutilidade de uma guerra desastrosa e a necessidade de uma nova definição da política francesa. Foi essa tomada de consciência que os ultracolonialistas sempre temeram. À medida que o fracasso da política que sempre preconizaram se tornava evidente, aumentava sua desconfiança em relação ao governo de Paris. Prevendo um eventual recuo deste último, preparavam-se para "reativar" a máquina de guerra, no entanto já sem fôlego.

Essa suspeita em relação a Paris tem como origem a ilusão de que os governos da República não fizeram pela "Argélia francesa" tudo o que poderiam ter feito. Os ultras de Argel sempre entenderam que resolveriam sozinhos todas as suas dificuldades, contanto que lhes fossem dadas as possibilidades. Esse estado de espírito, muito arraigado neles, tornou-se uma ideia-força; foi ele que prevaleceu na noite de 13 de maio quando, apoiados pelo exército, eles tomaram o poder. Bem-sucedido o seu golpe de Estado, esperam que Paris sucumba e que em Argel se constitua o governo com que sonhavam.

Seja qual for a sequência de acontecimentos que se preparam e assistirão à vitória da República ou à instituição de uma ditadura militar ultracolonialista, é fato consumado que o colonialismo acaba de conhecer uma nova arremetida. Será sua última.

Pois doravante o colonialismo se manifestará na África do Norte sob sua forma mais violenta e, por assim dizer, mais primitiva. Desvencilhado dos simulacros de legalidade e razão que o impediam de agir a seu bel-prazer, direta e exclusivamente controlado por seus próprios defensores, atingirá seu máximo no plano da agressividade e da "eficácia". "Paris não nos pode salvar, vamos nos salvar sozinhos!", gritaram os ultras. Isso significa: a besta colonialista deve ser desatrelada, entregue a si mesma, a sua cegueira e a seus instintos.

É um grande erro achar que o golpe de Estado de Argel pode mudar fundamentalmente a situação atual, caracterizada pela falência política da guerra de reconquista e pela posição de força da FLN. Não é um erro menor pensar que a mudança ocorrida no 13 de maio se reduz a uma mudança apenas de forma: não é indiferente que a condução da guerra passe das mãos do governo da República para as dos ultras. É verdade, o inimigo continua sendo o mesmo, mas a relação de forças se alterou. Será preciso enfrentar um inimigo mais agressivo e mais resoluto. A guerra está fadada a ganhar amplitude e gravidade, e assumir um contorno mais implacável do que no passado. Mas essa exacerbação da guerra só pode acelerar o processo.

Os ultracolonialistas censuram o governo de Paris por querer praticar uma política de abandono. Hoje eles mesmos devem assumir suas responsabilidades diante da história. Conseguirão dar novo ímpeto à guerra, mas, como é andando que se prova o movimento, eles mesmos deverão provar sua impotência radical para salvar o sistema de dominação. A lógica da guerra da Argélia exige que o colonialismo resista até o esgotamento. Também exige que aqueles que se afirmam os piores adversários da política do abandono abandonem eles próprios o jogo.

Por isso a fase atual é decisiva. É uma fase cheia de obstáculos e perigos. Os povos magrebinos e seus governos precisarão mobilizar todas as suas forças e transformar a África do Norte num campo entrincheirado inexpugnável. Soou a hora solene do Magrebe unido. A conferência de Tânger lançou suas bases e definiu seus meios. A nova prova de força que está começando, a mais séria pela qual passou a África do Norte contemporânea, testará sua solidez e lhe dará seu cunho definitivo. A essa batalha anti-imperialista decisiva, todas as forças democráticas do mundo deverão trazer seu apoio incondicional.

O momento é igualmente decisivo para as forças de esquerda na França. Elas são as principais interessadas; suas intensas responsabilidades na guerra da Argélia, sua omissão, fazem hoje com que tenham o dever imperioso de se recuperar. Criticaram-nos muito por condenarmos em bloco a França colonialista e a França democrática. Atribuíram-nos um chauvinismo às avessas e colocaram em dúvida a essência democrática de nossa revolução. Preocupados em nos aproximar da realidade, recusamo-nos a nos deixar apanhar pela miragem das teorias. A distinção entre o colonialismo e o povo francês é um dado teórico. Fomos obrigados a constatar que objetivamente era apenas uma virtualidade, sem efeito prático.

Hoje, o colonialismo em declínio mostra seu verdadeiro rosto; em 13 de maio, voltou-se contra a República e revelou para a opinião pública francesa sua essência antidemocrática e fascista. Aqueles que ele conseguiu iludir na França, vestindo roupas democratas ou brandindo o estandarte do socialismo, não podem mais se enganar. Chegamos a um ponto crucial, em que as relações entre a revolução argelina e a esquerda francesa podem instaurar-se apoiadas em bases não ambíguas. Fascismo e colonialismo estão intrinsecamente ligados; revolução argelina e democracia francesa deveriam reencontrar seus vínculos naturais. No momento em que as liberdades na França estão ameaçadas, em que o fascismo está às portas da República, a luta dos franceses pela paz na Argélia deverá ser retomada e tomar resolutamente uma via revolucionária.

O sr. Pflimlin, que diz defender as instituições republicanas enquanto preconiza a guerra renhida, está fazendo o jogo do fascismo e participando da demolição da República. Pois, mais do que nunca, impõe-se esta verdade: a democracia na França passa obrigatoriamente pela paz e pela independência da Argélia. Qualquer omissão da esquerda, desta vez, fornecerá a prova definitiva de que o povo na França já não é capaz nem mesmo de defender suas próprias liberdades e que o país está maduro para a tirania e o fascismo.

O mundo ocidental e a experiência fascista na França

El Moudjahid, n. 25, 13 de junho de 1958[1]

A chegada do general De Gaulle ao poder é consequência direta da guerra da Argélia. Em quatro anos, os partidos franceses no governo deram tempo para a direita e o militarismo francês se unirem e se organizarem. A cumplicidade dos sociais-democratas e dos democratas-cristãos com o fascismo ainda hoje é manifesta e decisiva. O partido socialista, por não ter querido compreender que a independência do povo argelino e a supressão de sua opressão reforçavam sua própria autoridade e enfraqueciam consideravelmente os elementos colonialistas e antidemocráticos na França, encontra-se atualmente à mercê do general-presidente.

As nações ocidentais, que haviam adotado uma atitude de crítica benevolente em relação à burguesia francesa no poder, aderem hoje ao fascismo nascente. Os Estados Unidos, a Inglaterra, a Itália, que ainda ontem se declaravam "preocupados" com os acontecimentos na Argélia, estão abandonando todas as reticências e acorrem precipitados à cerimônia de investidura do fascismo. Os meios políticos oficiais desses países não escondem a simpatia pelos "métodos diretos" do general De Gaulle e deixam-se impressionar por uma integração pura e simples em que se diluiria milagrosamente a reivindicação fundamental do povo argelino.

O interesse dessa nova atitude é o fato de ser provocada por um programa já antigo, justamente o programa Soustelle. Há muito tempo, essa loucura integracionista foi rejeitada pelas instâncias internacionais por ser ultrapassada e utópica. Os governos franceses haviam proposto a tal lei-quadro

---

[1] I, p. 488 e seg. (RM).

em função precisamente da inadequação e da exigência nacional argelina. De Gaulle, para se esquivar da realidade, dá um salto para trás e recupera o mito da integração. Em perfeita sincronia, os aliados enraivecidos da França abandonam sua aparente severidade com respeito à guerra colonial na Argélia e descobrem virtudes insuspeitadas na integração.

Houve quem tentasse interpretar essa virada das nações ocidentais. Houve quem dissesse que as nações temiam o "mau humor" do general De Gaulle e trataram de evitar uma eventual retirada da França do sistema atlântico. Os correspondentes oficiais dos mais importantes jornais norte-americanos e ingleses repetem incessantemente que a França deve ser apoiada em suas dificuldades na Argélia. É um erro acreditar que a solidariedade atlântica constitui a única explicação dessa reviravolta.

Na realidade, as nações ocidentais assistem apavoradas ao nascimento de novos Estados afro-asiáticos. As concessões que os países subdesenvolvidos fizeram ao capitalismo estrangeiro estão cada vez mais cercadas de dúvidas. Acabou-se o tempo em que o fim da opressão política significava o início de uma opressão econômica. Os governos dos países recém-libertados revelam-se cada vez mais ciosos de sua independência e desagrada-lhes tolerar a quase sujeição às potências financeiras estrangeiras.

Os Estados Unidos e a Inglaterra analisaram perfeitamente a proporção das forças em confronto e sabem que o enorme ímpeto de libertação dos povos coloniais está destinado a triunfar por toda a parte. Mas qualquer adiamento, qualquer freio a esse ímpeto é acolhido com satisfação. A simpatia dessas nações pelos movimentos de libertação é proporcional às forças de guerra e opressão existentes no país colonialista. Nunca se abandona o país colonialista antes que desapareça completamente qualquer esperança de restabelecer a situação.

A experiência de De Gaulle foi analisada e os anglo-americanos julgaram que o colonialismo ainda tinha boas chances. Todas as atitudes que tomaram desde o 13 de maio devem ser entendidas a partir dessa análise. Depois de Sakiet Sidi Youssef, os anglo-americanos tiveram a impressão de que o fim do colonialismo estava próximo. Assim, tomaram uma posição abertamente, criaram a Comissão dos Bons Ofícios, multiplicaram declarações relativamente objetivas. Depois de Remada, Gafsa e tantos outros incidentes, provocaram pura e simplesmente o adiamento do Conselho de Segurança. A partir do 13 de maio, as nações europeias desfizeram o equívoco e voltaram a suas posições ao lado da França. O importante, hoje, é saber se a análise anglo-americana do fenômeno De Gaulle está correta e corresponde à realidade.

Houve um fortalecimento do poder colonialista francês? Houve um enfraquecimento da revolução argelina? A FLN avalia que as forças colonialistas na França tiveram novo impulso depois do 13 de maio. Os elementos anticolonialistas reconheceram abertamente sua impotência e registraram uma derrota capital. Acontece que as forças materiais não mudaram! Esse delírio coletivo, essa histeria nacional que agitou as "almas" não traz nenhuma marca concreta nova. É tudo passe de mágica, procissão do fogaréu, fantasia. O próximo empréstimo do sr. Pinay renderá algumas centenas de bilhões, mas as contradições principais continuam. Ganhar o jogo na Argélia não é construir cruzes de Lorena gigantescas. É responder realmente à reivindicação de um povo, à sua luta, à sua determinação. O método Coué não funciona deste lado do Mediterrâneo.

Houve um enfraquecimento da revolução argelina? Alguns jornalistas que perseguem um sonho persistente identificam uma menor combatividade do ELN. Há oito meses, um fenômeno semelhante tinha sido descrito, até que ocorreu a grandiosa ofensiva do 20 de outubro. Ora, nosso exército, nosso movimento nunca foram tão fortes. De todas as partes nos chegam ofertas de apoio direto. Nossos quadros, formados nas escolas militares de países amigos, dirigem-se às centenas ao território nacional. Os marroquinos, os tunisianos e os líbios sabem hoje que só a criação de uma frente armada na escala do grande Magrebe árabe será decisiva na luta pela libertação.

A experiência De Gaulle é a última manifestação de um imperialismo encurralado. A FLN não está espantada, não está surpresa com essa retomada do militarismo francês. Sempre dissemos que a independência da Argélia supõe antes de tudo a derrota do colonato da Argélia. Hoje, assistimos ao conluio fascista desse colonato, dos meios militares franceses e do capitalismo metropolitano. A "velha-guarda" do imperialismo acabou, depois dela não há mais nada.

As nações ocidentais que acreditam, desde o 13 de maio, num renascimento do colonialismo francês na África do Norte evidentemente avaliaram mal a força do movimento popular no Magrebe. Saibam o Departamento de Estado e o Foreign Office: nenhum recuo é possível nesta terra que se chama Magrebe. Não haverá retomada do colonialismo francês nesta região do mundo. Não vale a pena delegar o general De Gaulle para nela fazer triunfar a civilização ocidental e a opressão. Hoje a situação no Magrebe é irreversível. Os próximos meses serão decisivos, não só para a Argélia, mas para a África. Nós, magrebinos, estamos decididos a desferir o golpe de misericórdia no colonialismo francês. A libertação da Argélia não constitui um encolhimento do império colonial francês, mas uma impossibilidade de sua perpetuação.

As ilusões gaullistas

El Moudjahid, n. 28, 22 de agosto de 1958[1]

Despertada há quatro anos pelas primeiras façanhas do ELN, uma parte da opinião pública francesa começou a se preocupar com a política colonial de seu governo, rever certas ideias dadas como definitivas, perceber o absurdo e a mentira do mito que considera a Argélia parte integrante da França. Na véspera das eleições de janeiro de 1956, esse despertar parecia traduzir-se por uma tomada de consciência irreversível da realidade argelina e da necessária mudança política que deveria resultar no reconhecimento de uma Argélia independente.

A onda anticolonialista que atravessava a opinião pública francesa, no entanto, não tinha força suficiente nem plena consciência de si mesma. Embora tenha conseguido alçar a SFIO* ao poder, não conseguiu resistir nem sobreviver aos golpes mortais dos dirigentes pseudossocialistas que a França se ofereceu. Se em agosto de 1958 fizéssemos um balanço do anticolonialismo na França, perceberíamos rapidamente que ele já não exerce efeito notável sobre as atitudes fundamentais da esmagadora maioria da opinião pública.

O gaullismo veio completar a obra de Mollet. Atolada no pântano da social-democracia, a consciência anticolonialista se obscureceu a ponto de

---

[1] I, p. 554 e seg. (JF). Este artigo é ilustrado com um desenho que representa De Gaulle, esmagado pelo peso de um fardo, conversando com Marianne [figura de mulher que representa a República Francesa]. A seguinte legenda acompanha o desenho: "Marianne: 'Então, general, e essa segunda viagem?'. De Gaulle: 'Não tem jeito!' Eu disse a eles: 'Vocês estão com fome... Aqui têm pão!'. Eles me responderam: 'Independência, independência, independência'..." (caricatura extraída do boletim interno da *wilaya* 5, Oranais).

* Section Française de l'Internationale Ouvrière [Seção Francesa da Internacional Operária]. (N. T.)

se renegar completamente. Hoje essa consciência anticolonialista não hesita em beber nas fontes turvas do supernacionalismo decadente e em prestar ouvidos complacentes à ideia retrógrada de grandeza imperial. Na manifestação republicana que se desenrolou em Paris, na Place de la Nation, para protestar contra o golpe de 13 de maio, vimos universitários brandirem uma faixa com a inscrição: "Viva Lacoste resistente!". É impossível encontrar ilustração melhor do anticolonialismo lenitivo ao qual está reduzida a esquerda francesa.

Uma opinião pública francesa ausente

Desde a chegada de De Gaulle ao poder, assistimos a um intenso esforço de propaganda no sentido de fazer com que a guerra da Argélia seja esquecida, conferir-lhe um caráter inatual, minimizar seus incidentes e torná-los menos perceptíveis à opinião pública. Os comunicados militares rarearam e as informações sobre a situação geral estão reduzidas ao mínimo. O recesso do Parlamento e a ausência de qualquer debate público na Assembleia mantêm a opinião pública francesa em total ignorância tanto sobre os acontecimentos na Argélia como sobre as intenções da política governamental.

As circunstâncias contribuíram para a criação desse estado de coisas. A cena política francesa está essencialmente ocupada pelos problemas institucionais de ordem interna. A Argélia cedeu lugar às controvérsias e às lutas entre os partidários de De Gaulle e aos que se mantêm fiéis ao espírito republicano. Esquecendo-se da guerra que os engendrou diretamente, a opinião pública voltou sua atenção para a crise do regime e o fenômeno De Gaulle. É essa digressão, inscrita na lógica dos acontecimentos, mas também intencional e incentivada, que De Gaulle e o grupelho de ultracolonialistas que o cercam aproveitaram para agir a seu bel-prazer na Argélia.

O estilo De Gaulle

De Gaulle tornou-se o instrumento mais execrável da mais obstinada e bestial reação colonialista. A um colonialismo mortalmente atingido, ofegante, condenado a uma retirada rápida e definitiva, ele traz uma mística, um estilo, uma caução moral, uma renovação ideológica. Encerrado num egocentrismo monstruoso, imbuído de um paternalismo cheio de segurança, De Gaulle nega os problemas que se colocam em sua realidade objetiva.

Recusando-se a sair [de] si mesmo, pretende superar os obstáculos mais insuperáveis e aplacar as dificuldades mais incontroláveis dialogando consigo mesmo e decretando em sua solidão soluções unilaterais e absurdas. O problema argelino deixa de ser a tradução de um conflito entre a França e o povo argelino. É um conflito essencialmente francês, que De Gaulle, encarnação viva da França, é capaz de resolver por seu próprio esforço. A guerra devastadora, a revolução pela qual os argelinos morrem todos os dias reduzem-se a incidentes sem importância nem significado real, cuja responsabilidade cabe à imperícia do sistema, mas que a França eterna superará, como fez até agora com respeito a tantas outras provações.

De Gaulle age como se o povo argelino não tivesse se erguido de armas em punho para destruir o regime colonial, como se a guerra de libertação nacional fosse apenas uma revolta sem nenhum dado objetivo, como se a França não tivesse mobilizado todos os seus recursos materiais, humanos e morais para manter sua dominação, como se a opinião pública mundial não estivesse informada dos graves acontecimentos que há quatro anos se desenrolam na África do Norte e ameaçam romper a paz internacional.

Essa obstinação em negar as evidências é a tradução mais veemente da impotência à qual está reduzido o sistema colonial francês, incapaz de se libertar de suas contradições, de traçar para si uma linha de conduta, de compreender os problemas que o cercam por todos os lados.

Uma amostra da política de integração

Alguns meios liberais, próximos do gaullismo, tentaram abonar a ideia de que De Gaulle ainda não definiu sua política argelina. Se por razões de oportunidade, dizem, ele foi obrigado a ceder às exigências dos "ultras" e atender a alguns de seus desejos em seus discursos sobre a Argélia, em contrapartida ele não pronunciou a palavra integração.

A realidade revela justamente esse ponto de vista interesseiro. Não há nenhum equívoco quanto às intenções de De Gaulle. Ele escolheu a integração e não demorou a partir para a sua aplicação. Retomando o blefe dos fóruns, obteve, para fins de propaganda colonialista, alguns decretos que impressionam, especialmente um colégio único, e conferem o direito de voto às mulheres muçulmanas.

Sempre para atender aos desejos dos "ultras", ele tomou algumas medidas cujo caráter puramente espetacular só pode impressionar os *petits blancs** de Argel, enchendo-os de satisfação. Assim, decretou a adoção de um selo postal comum, a extinção da Saonic (Section Algérienne de l'Office National Interprofessionnel des Céréales)** e do *Journal Officiel d'Algérie*, substituído por um boletim da Delegação Geral do governo. Enquanto não extingue também o Banco da Argélia, De Gaulle já decidiu que a moeda francesa circulará em território argelino.

Essas medidas grotescas, que se pretendem atos de integração, condenam sem remissão a política na qual se inscrevem. De Gaulle pretende levar às últimas consequências a política que estabelece como seu ponto de partida o princípio da Argélia francesa. É nesse sentido que o referendo constitui para ele uma preocupação essencial.

As ilusões do referendo

O novo projeto constitucional prevê um regime presidencial que confere prerrogativas exorbitantes ao presidente. No plano colonial, é essencialmente conservador e não se afasta um milímetro do previsto. A única escolha que dá aos territórios ultramarinos é se tornarem departamentos (!) ou membros de uma federação cuja competência se estende da política exterior ao ensino

---

* Literalmente, "pequenos brancos": europeus de baixa condição que viviam nas colônias. (N. T.)

** Seção Argelina da Agência Nacional Interprofissional de Cereais: órgão do governo francês criado em 1940 que operava com exclusividade o mercado de cereais e controlava as cooperativas agrícolas e as sociedades locais de previsão. Todo o comércio ou troca fora de seu controle eram proibidos. (N. E.)

superior, passando pela defesa, pela economia etc. (Título XI, Art. 68 e 69). Essas disposições não se destinam aos "territórios ultramarinos" atuais, ou seja, a África Negra e Madagascar. Esses países, que hoje reivindicam independência imediata, não podem contentar-se com uma autonomia sem conteúdo no âmbito de uma federação qualquer.

Quanto à Argélia, De Gaulle quis lhe reservar um lugar especial. Agora sabemos qual é esse lugar. Para ele, a Argélia é departamento francês.

Os líderes africanos, depois de analisar os termos do novo projeto, manifestaram a intenção de boicotar o referendo, ao passo que a FLN, fundamentalmente contrária a qualquer operação eleitoral, seja qual for sua natureza, que se mantenha no quadro francês, lançou a palavra de ordem da não participação assim que De Gaulle anunciou a participação da Argélia no referendo.

O governo francês atribui a maior importância ao referendo na Argélia, pois trata-se para ele de mais uma "operação" psicológica que deverá ser bem-sucedida. A operação "fraternização" envolve inevitavelmente a operação "referendo", seu complemento lógico. Se a primeira teve por objeto a igualdade e a reconciliação de todos os "franceses", muçulmanos ou indivíduos de origem europeia numa única e mesma comunidade, a segunda deve reafirmar, mais uma vez, por ocasião da nova Constituição, o pertencimento de sempre da Argélia à França.

O "referendo" tornou-se o grito de guerra das forças colonialistas na Argélia. Em 7 de julho passado, o general Salan exclamou durante uma entrevista coletiva: "Agora é preciso ganhar a batalha do referendo, e o Exército tem um papel essencial a desempenhar nessa questão. Trata-se de fazer tudo para que o máximo de cidadãos participe dele". Em 1º de agosto, as autoridades de Argel anunciavam o encerramento das listas e, no dia seguinte, os jornais colonialistas da cidade anunciavam: "A partir de agora a batalha do referendo está aberta".

A maneira pela qual se realizará o referendo, que deverá durar três dias em vez de um, como na França, já está indicada no modo como as listas foram constituídas. As inscrições eleitorais copiaram o modelo do recenseamento policial que ocorreu em todas as cidades, ou seja, extorquidas por meio de chantagem e terror ou, simplesmente, realizadas à revelia dos interessados.

Destinado a confirmar espetacularmente, por uma paródia de democracia eleitoral, uma opção básica implícita que faz da Argélia parte integrante da França, o referendo será ostentado por De Gaulle como um argumento decisivo. A França não perderá ocasião de usá-lo para afirmar que não há mais problema político na Argélia e que esse problema, se é que algum dia existiu, encontrou solução definitiva.

Mas a política das ficções e dos mitos já está demasiado desgastada para criar ilusões no plano internacional. A guerra que prossegue e que só terá fim com a independência da Argélia vai sempre desmenti-la. O próprio De Gaulle é obrigado a admitir: na mesma hora em que ele clama, para quem quiser ouvir, que o problema argelino está resolvido, que o povo argelino escolheu a França, precisa pedir a seu país esforços suplementares no plano militar. É sabido que ele elevou o tempo de serviço dos soldados para 27 meses e dos oficiais para 30 meses. Além dos 100 mil homens solicitados pelo general Salan, há ainda as tropas evacuadas da Tunísia e do Marrocos, assim como os mil oficiais cuja convocação acaba de ser decidida.

A França na era De Gaulle

A grande fraqueza da política de De Gaulle reside em seu irrealismo fundamental. De Gaulle não está fazendo nada de novo na Argélia, limita-se a acertar o passo com os ultras. Ora, querer construir toda uma política com base nas exigências dementes destes últimos é rejeitar qualquer forma de lucidez e enveredar pelo caminho da irresponsabilidade e do desespero.

A França na era De Gaulle é uma França que, a despeito de todas as aparências, patina lamentavelmente num beco sem saída. Só um milagre poderá tirá-la dessa situação, e não é por acaso que a noção de milagre tornou-se o bordão de um colonialismo moribundo que submerge irremediavelmente na superstição e no obscurantismo. Tomada de uma fúria incurável, a besta colonialista obstina-se no caminho da devastação e do crime.

A missão da FLN é libertar a África do Norte desse flagelo, é imperioso que os povos irmãos do Magrebe e seus governos participem ativamente dessa tarefa histórica, a fim de eliminar o quanto antes a capacidade maléfica da besta colonialista, mesmo que ela envergue a farda do homem do 18 de junho.

Frantz Fanon discursa na I Conferência dos Povos Africanos em Acra, 1958.

O calvário de um povo

El Moudjahid, n. 31, 1º de novembro de 1958[1]

Para compreender e avaliar devidamente o dossiê criminal do colonialismo francês na Argélia desde o início da guerra, é preciso ter sempre em mente a filosofia do colonialismo. Na perspectiva colonialista, deve haver sempre, na terra ocupada, um mínimo de terror. Policiais, administradores racistas e prevaricadores, colonos abomináveis em torpeza e prazer perverso tecem sobre o conjunto do país colonizado uma rede muito cerrada na qual o autóctone se sente literalmente imobilizado.

Ora, apesar do terror, apesar das intimidações intermináveis, episodicamente acontece a irrupção do ímpeto libertador. As forças colonialistas reagem maciçamente e infligem ao povo colonizado golpes que se pretendem decisivos. Os 45 mil mortos de Setif e os 90 mil mortos de Madagascar comprovam as dimensões deliberadamente alucinantes do método. Em regra, essas hecatombes arrefecem momentaneamente o ímpeto libertador do povo oprimido.

Diante da revolução

A partir de 1950, e mais exatamente desde a guerra da Indochina, surgiu uma nova estratégia nos países coloniais. Hoje, de fato, os homens que iniciam um movimento de libertação sabem que o colonialismo não recua em algumas semanas. Os homens que assumem a direção do combate sabem que os golpes mais duros, para serem eficazes, devem ter um tempo de desenvolvimento.

Aos ataques súbitos e às revoltas seguiu-se uma política de combate a longo prazo com dupla perspectiva, política e militar. O movimento

---

[1] II, p. 38 e seg. (JF; RM).

enraivecido tornou-se vontade de independência e as insurreições anárquicas transformaram-se em guerra revolucionária.

Essa mudança imposta pela evolução histórica das guerras de libertação teria consequências diretas sobre a consciência do colonizado e o comportamento das forças colonialistas. O colonizado que começa hoje uma guerra de libertação engaja-se num combate que ele sabe que será longo. Por isso escapa constantemente ao desejo de uma solução rápida, política ou militar. A tática de guerrilha, justamente, é adequada a essa forma de luta de frentes múltiplas cujo objetivo não é tanto o de esmagar o adversário, mas o de tornar sua vida cotidiana impossível. A guerrilha instala uma fissura mantida indefinidamente no sistema colonialista. Essa permanência e essa impossibilidade por parte do colonialismo de ter esperança num tempo de paz introduzem cansaço e desespero nas fileiras dos ocupantes.

Intimidação maciça

Se o colonizado consegue dominar sua impaciência e impor a necessidade do tempo a sua sede imediata de liberdade, o colonialista por sua vez, antes do cansaço, vai reagir com uma sucessão de massacres. Sem analisar os novos fatores psicológicos, políticos e históricos que se apresentam, ele permanece no círculo clássico das atitudes contrárias à insurreição.

O movimento de fúria dos colonialistas durou muitos meses: de novembro de 1954 até a saída de Soustelle. Durante esses catorze meses, as forças francesas aplicaram o método de intimidação direta e maciça: declarações altamente belicistas, massacres espetaculares e pretensamente exemplares em Rivet, Foum--Toub e Constantina. Com esses métodos, o colonialismo francês pretendia isolar o "núcleo rebelde", aterrorizando de modo indiferenciado o resto do país.

A persistência do movimento de libertação e das operações de guerrilha, apesar dos massacres em montinhos* (*sic*), inquietou os defensores

---

* No original, *petit tas*, literalmente "pequenos montes" (expressão usada no cotidiano para designar as porções de frutas, legumes ou outros alimentos separados para serem vendidos por "montes"). (N. T.)

do regime colonialista. A luta do povo argelino começou a ser identificada em sua estrutura e dinâmica. A revolução é percebida então em seus organismos políticos, diplomáticos e militares. Para se tranquilizar, o adversário invocou um comando estrangeiro e, ao mesmo tempo, repensou seus métodos de luta.

A repressão, originalmente confiada aos policiais dos serviços argelinos, foi entregue a partir desse período aos organismos especializados do Exército e ao Serviço de Inteligência. O governo do sr. Guy Mollet iniciava sua campanha contra Nasser e buscava a prova de uma intervenção egípcia na Argélia.

Torturas e "serviços especializados"

Foi o período das torturas individuais e dos interrogatórios especializados. Também foi o início, fora das cidades, das repressões coletivas. As forças colonialistas criaram o hábito de fuzilar certo número de civis argelinos a cada manifestação do ELN. Esperava-se dessa forma levar o povo a relacionar mentalmente a repressão da qual é vítima à presença ativa do ELN. A responsabilidade coletiva é antes de tudo uma delimitação da responsabilidade, culpa e inibição nos combatentes, cansaço e desejo de provar sua inocência, portanto, de designar os verdadeiros responsáveis na coletividade. Tais são, nessa etapa, os objetivos das forças inimigas. Durante todo o ano de 1956, as forças colonialistas perseguiram seu objetivo: aterrorizar o país e isolar a Frente de Libertação Nacional.

Repressão coletiva e crimes "legais"

Ao mesmo tempo, começaram as execuções de patriotas condenados à morte. A cada dia, em Argel, Orã ou Constantina, dois ou três combatentes argelinos eram guilhotinados pelos colonialistas. A decisão de condená-los à morte e executá-los não traduzia apenas o desprezo dos franceses pelas leis da guerra. Essa decisão manifestava, ao contrário, a vontade deliberada de atingir a dignidade do patriota. Contestando sua qualidade de combatente, fazendo-o comparecer diante de um tribunal de justiça e guilhotinando-o como um assassino comum, o inimigo queria ignorar a causa, desvalorizar o combate e menosprezar o soldado.

Territoriais e tática Massu

Chega julho de 1956 e o balanço das forças francesas era manifestamente negativo. O sr. Lacoste, cercado por todos os lados e sentindo que vai perder o jogo, confia seus poderes aos militares por trás dos quais estavam unidos, abertamente, os colonos racistas da Argélia. Diante da iminência da catástrofe, e não ignorando em nada a deterioração da situação, conhecendo a extensão e a profundidade da influência da FLN, os militares decidiram reagir de forma espetacular. A palavra de ordem oficial: "todo muçulmano é rebelde" substitui a dos primeiros anos: "todo muçulmano é suspeito".

Completando o sistema, o sr. Lacoste armou, para a "defesa de superfície", cerca de 80 mil colonos da Argélia. Foram as unidades territoriais, compostas por homens amedrontados com o movimento revolucionário, congenitamente racistas e fundamentalmente imorais, que antes imprimiram à repressão um caráter quase genocida. A partir de julho-agosto de 1956, esses homens adquiriram o hábito de irromper nos aduares e abater preventivamente dezenas de argelinos, de estuprar sadicamente as meninas e as mulheres argelinas e saquear os bens do povo. Esses homens, encorajados pela passividade dos poderes civis, animaram os militares franceses. O general Massu apreciou a eficácia desse método e fez dele a arma principal de sua ação.

A Argélia sob tortura

A famosa batalha de Argel ocorreu nesse período de assassinatos deliberados. Os argelinos eram detidos nas ruas e oficinas, levados em caminhões para os centros e ignominiosamente "interrogados". Durante mais de oito meses, o colonialista francês, com um cano na mão esquerda e um magneto na mão direita, "interrogou" a Argélia. Foram decretadas zonas interditadas e regiões inteiras passaram fome. Os civis que viviam nas fronteiras fugiram aos milhares do dilúvio de ferro e fogo e se refugiaram na Tunísia e no Marrocos.

Na época já não era o ser humano que era agredido e morto, mas o país inteiro, com sua flora e sua fauna, o país físico, com suas montanhas e florestas, era torturado e feito de alvo. A extensão dessa fase não deixou indiferente a opinião pública internacional. Houve condenações por toda a parte, e nas próprias fileiras do inimigo houve repulsa e horror. Surgiram dossiês cada vez mais estarrecedores e o presidente do Conselho francês foi obrigado a designar uma comissão de salvaguarda, invertebrada e naturalmente ineficaz. O balanço desse período foi literalmente atroz para o povo argelino: muitas dezenas de milhares de mortos, centenas de milhares de pessoas desalojadas, regiões inteiras destruídas.

No fim desse período, o sr. Lacoste podia se acreditar autorizado a anunciar que o fim da guerra da Argélia era iminente. E, de fato, tanto militares como civis, os franceses imbuídos dessa campanha de assassinatos coletivos, em que o arroubo homicida visava antes de tudo o esgotamento do ímpeto revolucionário, identificaram, conforme convinha, os sinais que prenunciavam a derrocada das forças nacionais.

Retrospectivamente, pode-se dizer hoje que a queda do governo Mollet, o surgimento dos governos meteóricos de Bourgès-Maunoury, Gayard e Pflimlim, até os subterfúgios gaullistas, têm suas principais causas nessa derrota esperada, anunciada e eternamente adiada.

O colonialismo francês fora da lei

Ao longo desses quatro anos de guerra, o colonialismo francês na Argélia colocou-se irremediavelmente fora da lei. Não recuou diante de nenhuma ação, por mais horrível que fosse. Nenhuma ignomínia o intimidou. Engajou-se perversamente numa empreitada que, para ser bem-sucedida, exigiu desprezo pelo ser humano em seu espírito, desprezo pelo ser humano em sua carne, desprezo pelo ser humano em sua alma. "O colonialismo francês na Argélia é a maior vergonha do homem ocidental", repetiram durante meses os observadores estrangeiros.

Depois dessas diversas tentativas de quebrar o ímpeto de libertação do povo argelino, os criminosos de guerra veem-se com 150 mil argelinos nas prisões e nos campos, cerca de meio milhão de refugiados e 600 mil mortos. Proporcionalmente, as misérias e os sofrimentos infligidos ao povo argelino pela barbárie colonialista francesa superam em intensidade e dimensão os dos países mais afetados pela Segunda Guerra Mundial.

E a luta continua.

Os crimes de guerra continuam

Atualmente, o governo francês ordena operações de envergadura em todo o território nacional. Na Orania, mais de dez generais franceses comandam uma batalha que, na opinião dos próprios observadores, atingiu proporções inesperadas. Aqueles que, na opinião internacional, supuseram que De Gaulle inauguraria uma política de paz, veem-se hoje diante de fatos que se denominam: intensificação das operações armadas, exacerbação dos métodos de repressão e da tortura, ampliação das medidas de reclusão. O general De Gaulle parece estar tomando para si a política cega e ineficaz de seus antecessores e dando toda a liberdade de ação aos bandos sanguinários que há quatro anos enlutam a Argélia.

O recente escândalo dos padres do Prado, em Lyon, acaba de despertar a opinião pública, eufórica e confiante desde que o general De Gaulle afirmou que a era das torturas havia terminado. Foi o cardeal Gerlier, arcebispo de Lyon e primaz da Gália, que numa recente declaração acusou, de modo contundente, o comportamento criminoso da polícia francesa. Disse em especial:

> Obrigam os suspeitos muçulmanos a assinar declarações cujo caráter mentiroso é fácil de discernir. Para consegui-lo, não se recuou diante do emprego da violência e das sevícias mais atentatórias à dignidade humana. Não me cabe dar detalhes dolorosos e perturbadores de que tive conhecimento. Uma investigação séria poderá trazê-los à luz. Julgo-me no direito de afirmar que, entre os que foram submetidos a esses tratamentos, houve quem chegasse a um estado físico e moral grave.

Assim, depois de um período ambíguo durante o qual o colonialismo desorientado e inquieto pareceu esboçar um recuo, as forças militares francesas retomam a ofensiva, voltando a lançar mão de repressão e torturas.

O povo argelino, firme e empenhado na reconquista de sua soberania, sabe que o caminho ainda é longo, pois o inimigo é excepcionalmente feroz. Mas sabe que cedo ou tarde surgirá a aurora da paz e da vitória.

A expansão do movimento anti-imperialista e os retrógrados da pacificação

El Moudjahid, n. 34, 24 de dezembro de 1958[1]

Desde 1º de novembro de 1954, data da eclosão da revolução nacional democrática, a fisionomia da África e da Ásia passou ininterruptamente pelas mudanças mais profundas e espetaculares, alterando a uma velocidade vertiginosa o antigo equilíbrio do mundo que os Estados imperialistas da Europa moldaram durante um século de hegemonia e dominação.

Um mundo novo

No espaço de quatro anos, produziram-se muitos acontecimentos, uns mais importantes do que outros, mas todos traduziram com nitidez e vigor desconhecidos até então os progressos prodigiosos da revolução anti-imperialista universal.

Na Ásia, vimos os jovens Estados recém-independentes, como a Indonésia, consolidar as bases de sua soberania reconquistada e resistir vitoriosamente às ameaças de um imperialismo inconformado com a derrota. A República Popular da China, que em 1954 estava em seu quinto ano, deu os passos gigantescos que conhecemos. A China das comunas populares e do "grande salto para frente" substituiu para sempre a velha nação subdesenvolvida submetida ao regime de exploração estrangeira e dos tratados desiguais.

---

[1] II, p. 105 e seg. (JF). Artigo ilustrado com uma fotografia tirada no aeroporto de Pequim, no momento em que Benyoucef Benkhedda pronunciava [em nome da FLN] um discurso diante do corpo diplomático e da imprensa chinesa, e uma fotografia de delegados africanos numa conferência internacional: "Momento em que a África toma consciência de sua unidade e força".

No Oriente Médio, o povo árabe entrou numa fase não menos decisiva de emancipação. O mundo feudal, que bem ou mal se manteve sob a proteção do imperialismo, desmorona definitivamente. O Egito está apagando os vestígios da ocupação estrangeira e libertando o canal de Suez, dando novo impulso à sua vida econômica e social. Há obras por toda a parte, surgem fábricas e, em especial, siderúrgicas, o desemprego recua e com ele a miséria, a corrupção e o analfabetismo, enquanto a instrução se desenvolve e a cultura progride no seio das massas mais amplas, ao mesmo tempo que cresce sua consciência social. O Iraque feudal e semicolonial sacode os grilhões do passado e o povo iraquiano, amadurecido sob o peso da opressão, afirma sua vontade de progresso e sua vocação para a liberdade e a independência na revolução histórica de 14 de julho passado.

Os outros países árabes escapam, cada vez mais, da esteira dos Estados imperialistas. A Síria uniu-se ao Egito para construir a República Árabe Unida e o general Glubb Pacha, que no Oriente simboliza toda uma época, deixou Amã sob pressão popular. A Ásia e o Oriente Médio de quatro anos atrás já não são os mesmos hoje. Durante esse lapso de tempo, recuperaram um atraso de várias décadas. Sua evolução mostra sem sombra de dúvida a prodigiosa renovação que está se operando no seio da maior parte do mundo e contribui em muito para a regeneração da humanidade e seu progresso infindável.

A África emerge

A mesma verdade impõe-se para o conjunto do continente africano, ao mesmo tempo o mais desfavorecido e o mais jovem da Terra. Os povos africanos, num esforço doloroso e heroico, reerguem-se e resolvem reconquistar, custe o que custar, sua personalidade roubada, afirmar sua dignidade humilhada, disputar seu *status* de povos livres, virar para sempre a página da escravidão e da servidão.

Desde novembro de 1954, tanto ao norte quanto ao sul do Saara, sucederam-se as novas independências: a do Marrocos e a da Tunísia, que, com a Argélia, deverão constituir a Federação Magrebina; a de Gana e bem recentemente a da Guiné, que também resolveram unir seus destinos no âmbito de uma união federal que duplique sua força e aumente sua eficiência.

O grande Estado africano do centro, a Nigéria, com seus 40 milhões de habitantes, se tornará totalmente independente em 1960. O mesmo acontecerá com outros territórios, como Serra Leoa, Camarões etc., cuja ascensão à independência está prevista para a mesma data. Mesmo o Quênia e o rico e distante Congo, ambos submetidos ao regime pétreo dos britânicos e dos belgas, veem abrir-se à sua frente as perspectivas animadoras da liberdade e da soberania nacional. Já correm rumores insistentes sobre a iminente libertação do grande líder africano Jomo Kenyatta.

A própria dominação francesa está recuando. Pressionada a moderar-se, vê-se na obrigação de se liberalizar, de afrouxar a opressão, de fazer, mesmo a contragosto, concessões substanciais. As Assembleias Territoriais dos TOM* transformam-se sucessivamente em Assembleias Legislativas, e surgem "Estados" em Madagascar, no Senegal ou no Chade. Presos na camisa de força da "comunidade", esses "Estados" acabarão cedo ou tarde, e certamente mais cedo do que acreditam os especialistas franceses em África, por romper os laços que os ligam. De Estados aleijados e paralíticos, dirigidos por fantoches, eles se tornarão Estados livres, que se integrarão em sua verdadeira comunidade, a grandiosa comunidade africana hoje em plena gestação.

O eixo Bandung-Acra

O despertar das massas asiáticas e africanas não é expressão vazia. Seus efeitos se traduzem em realizações concretas que os colonialistas já não podem ignorar. O movimento que partiu de Bandung em abril de 1955 já não pode parar. Suas ondas onipotentes varrem, umas atrás das outras, as mais enraizadas praças-fortes imperialistas.

A multiplicação das "jornadas" e das "semanas" de solidariedade como as que foram organizadas em favor da Argélia, o florescimento dos congressos culturais como o de Tashkent, ou econômicos como o que acaba de encerrar

---

* Territoires d'Outre-Mer [Territórios de Ultramar]. (N. T.)

seus trabalhos no Cairo, comprovam a vitalidade da ideia afro-asiática e o impulso do movimento anti-imperialista.

No dia seguinte à libertação da China, em 1949, Mao Tsé-tung declarava solenemente na conferência consultiva de todas as organizações nacionais: "Hoje podemos afirmar que um quarto da humanidade está de pé!". Por sua vez, Nkrumah anunciava, há poucos dias, diante dos representantes de 200 milhões de africanos: "Toda a África estará livre ainda durante nossas vidas, pois este meado do século XX é da África; esta década é a década da independência africana".

Assim, o movimento de libertação nacional afirma-se como uma característica da nossa época. Ele configura a história contemporânea, tal como a expansão imperialista configurou a do século passado.

A revolução argelina tem o tempo a seu favor

Quando dizemos que a luta do povo argelino será inevitavelmente vitoriosa, não queremos dizer que há alguma fatalidade misteriosa conduzindo soberanamente e de modo mecânico o movimento da história. Queremos apenas situar nossa revolução em seu contexto histórico e destacar as profundas complicações e as complexas correlações existentes entre nossa luta e os diferentes movimentos de libertação que, como vimos acima, há quatro anos têm sido constantemente vitoriosos.

A resistência argelina é um fogo que não se pode apagar porque é ininterruptamente alimentado pela chama contagiosa da revolução anti-imperialista. É assim que se revela sob seu aspecto de trágico absurdo o esforço desmedido da França para derrotar nossa luta. Não basta cobrir um país de blindados, tanques e soldados para fazer fracassar nele a maré montante da história. Pretender, a despeito de todas as evidências, combater de frente um movimento de libertação da envergadura da revolução argelina significa reduzir-se ao triste papel de Sísifo condenado a se exaurir em esforços estúpidos e inúteis.

Qual foi o procônsul que passou estes últimos anos em Argel e não profetizou sentenciosamente o fim iminente da guerra? Depois de fazer tanto alarde sobre a pacificação da qual se julgou herói, Lacoste acabou sendo sua vítima vergonhosa. Todos lembram que, na véspera do 13 de maio, ele teve que sair de fininho de Argel.

Também Salan acaba de ser obrigado a abandonar seu posto. Leva como únicos louros os elogios ditirâmbicos de um general-presidente que ele ajudou a subir ao poder e deixa como única herança um testamento lenitivo que preconiza métodos de dois anos atrás. O papel do exército, conforme declarou o general Salan em suas últimas diretrizes, consiste "antes de tudo no prosseguimento da destruição dos bandos: desbaratar a infraestrutura político-administrativa dos rebeldes, a organização e a informação da população; as instruções que ele recebeu no final de 1956 continuam válidas". E o ex-delegado-geral determina: "É indispensável que se multipliquem as associações, os círculos, as reuniões em que francesas e franceses da Argélia, de todas as origens e condições, possam buscar juntos, confiando em sua união, as soluções para os problemas que se apresentam. Pela evolução da Argélia e seu acesso definitivo à categoria de província francesa integral...".

Essa política incansavelmente preconizada há quatro anos, e radicalmente inoperante, foi consagrada no que implica de imobilismo e obstinação pelo general De Gaulle.

Um novo mensageiro da integração

Entretanto, o sr. Delouvrier, sucessor de Salan, parece investido de uma nova missão. Seu papel seria, antes de tudo, promover a economia argelina, de acordo com as promessas do último discurso da Constantina. Suas preocupações de especialista estariam voltadas para projetos ao mesmo tempo concretos e ambiciosos: por um lado, a construção do complexo siderúrgico de Bône e, por outro, a exploração imediata do gás de Hassi R'Mel.

Esses projetos, quando executados, criariam as bases econômicas necessárias às transformações sociais e políticas desejadas pela França. As populações argelinas seriam polarizadas por essas reformas que lhes garantiriam melhores condições de vida. Haveria um refluxo do sentimento nacional que viria gradualmente suplantar uma espécie de sanha de viver a qualquer preço, mesmo em servidão!

Enquanto o sr. Delouvrier se dedicar à cooptação da consciência popular pela sedução das reformas econômicas, o general Challe terá as mãos livres para "prosseguir a destruição dos bandos". Pois é nisso que reside definitivamente o objetivo essencial da política francesa: a "destruição dos bandos". Todo o resto não é mais do que poeira nos olhos e manobra para ganhar tempo.

À medida que a guerra na Argélia avança, constata-se: 1) que as condições internas e externas da revolução tornam-se cada vez mais favoráveis, correspondendo ao sucesso cada vez maior do movimento anti-imperialista em pleno desenvolvimento; 2) que o colonialismo cada vez mais perde o pé, acumula erros e agrava suas contradições.

O divórcio absoluto

O general De Gaulle obedece ao impulso do 13 de maio ao declarar que "a página dos combates está virada" e decide iniciar na Argélia a batalha econômica que deve resultar na integração. Supondo que o "problema político" esteja resolvido, ele se volta para o "problema humano".

Sob o reinado de Guy Mollet, os dirigentes davam ênfase à guerra: primeiro, suspensão das hostilidades pelo cessar-fogo ou pelo esmagamento do ELN; em seguida, reformas econômicas e sociais. De Gaulle já não se incomoda com essa condição prévia, vai logo para a "construção" da Argélia, minimizando a guerra e relegando-a ao segundo plano. Sua política se justificaria, a rigor, se a situação militar francesa fosse melhor do que há dois anos. Como não é o caso, ela se apresenta como uma forma caricatural da pacificação de Lacoste.

De Gaulle não retifica Guy Mollet; não progride em comparação a ele e só inova em aparência. Apenas toma para si as ilusões do secretário-geral da SFIO, levando-as às últimas consequências. Assim se caracteriza o imobilismo da política francesa: apenas piora de ano para ano.

Esse imobilismo é ainda mais deplorável porque a revolução argelina evolui com uma rapidez fulminante. O contraste é no mínimo violento entre uma França que envia 41 pseudodeputados argelinos a seu Parlamento e uma ONU em que a esmagadora maioria das nações se pronuncia pelo direito do povo argelino à independência. A mesma diferença gritante aparece entre o julgamento do general De Gaulle afirmando que a era dos combates terminou e o da organização internacional considerando que o estado de guerra na Argélia ameaça a paz mundial.

O novo delegado-geral do governo francês, sr. Delouvrier, aterrissando no aeroporto Maison-Blanche, declarou aos colonialistas de Argel: "A agitação de 31 de maio, a calma resolução de 28 de setembro, as eleições legislativas em todo o país deram a vocês esta certeza: 'A França permanece'". Jamais as palavras de um procônsul ao desembarcar em Argel tiveram um tom tão artificial e tão risível. No próprio momento em que essas palavras eram pronunciadas, o governo argelino assinava pela primeira vez um comunicado conjunto com um Estado soberano. Quando se sabe, além do mais, que esse Estado é a República Popular da China, percebe-se a enorme defasagem que se criou entre a realidade argelina e a política da França. Essa defasagem continuará aumentando.

Nenhuma ficção jurídica, nenhuma veleidade pacificadora, nenhuma promessa e nenhuma ameaça poderão reduzi-la. Chegou o momento de a França se inclinar diante da realidade, ao invés de brigar com ela, de operar, sob a pressão dos acontecimentos que se precipitam, a reconversão que ela sempre se recusou a tomar a iniciativa de fazer. O governo francês não se afirmará sozinho contra a nação argelina e a quase unanimidade das outras nações do mundo. A era da pacificação terminou para sempre. A Argélia entrou decisivamente na era da independência.

Não somos os "retrógrados da guerra civil". O general De Gaulle, sim, é que é o retrógrado da "pacificação".

Primeira página da edição do *El Moudjahid* na qual foi publicado originalmente "O conflito argelino e o anticolonialismo africano", parte desta coletânea.

O combate solidário dos países africanos
Excertos da intervenção de Frantz Fanon na Conferência pela Paz e Segurança na África, Acra, 7-10 de abril de 1958

El Moudjahid, n. 34, 24 de dezembro de 1958[1]

Esta conferência, que nos dá a possibilidade de nos encontrarmos e exporsmos as situações concretas em que estamos envolvidos, marca uma data importante na luta contra a dominação colonial. No decorrer de nossos trabalhos, devemos tentar estabelecer formas dinâmicas de combate capazes de neutralizar as manobras de um adversário que, ninguém tenha dúvida, não quer pura e simplesmente retirar-se da África. [...]

A característica fundamental do movimento africano de libertação é que ele se situa, antes de mais nada, num nível internacional. A África vive curvada sob o jugo do estrangeiro e os interesses do imperialismo obedecem a uma solidariedade orgânica. É verdade que há contradições importantes entre as potências coloniais, mas nunca se deve esquecer de que a exploração continua sendo tática, sem jamais alterar a estratégia de libertação do continente. Temos de concordar em buscar alianças táticas com potências coloniais de interesses opostos para enfraquecê-las, no entanto, cuidando para que essas alianças nunca afetem nossas posições doutrinais.

Cada africano deve saber-se engajado na luta de libertação do continente e deve, de maneira muito concreta, ser capaz de responder fisicamente ao apelo deste ou daquele território. Cada partido africano deve desenvolver a consciência africana de seu povo. Pensamos que não é possível, no confronto

---

[1] II, p. 114 e seg. Este texto foi publicado no *El Moudjahid* com outros excertos de intervenções dos participantes argelinos, na sequência de dois textos reproduzidos em *Pour la révolution africaine:* "L'Algérie à Accra" [A Argélia em Acra] e "Accra: l'Afrique affirme son unité et définit sa stratégie" [Acra: a África afirma sua unidade e define sua estratégia].

com os implacáveis objetivos imperialistas, praticarmos uma política de conciliação particular com as forças colonialistas. Não se deve isolar a luta nacional da luta africana. Se essa ruptura se instalar na estratégia de conjunto do combate, assistiremos a uma reconversão do sistema colonial, ou a uma mudança de fisionomia, ou a uma operação mágica de camuflagem, e a hipoteca imperialista permanecerá viva no solo africano.

A vontade nacional na África hoje deve ser concomitante à vontade de libertação da África. Toda propaganda, toda palavra de ordem, todo apelo às massas deve conter com destaque uma referência à luta pela libertação da África. Não é possível um argelino ser verdadeiramente argelino se não sente no mais profundo de si mesmo o drama inominável que acontece na Rodésia ou em Angola.

O anticolonialismo de um africano, mesmo que já independente, não [...] pode ser reduzido a uma tomada de posição moral. Cada africano é um soldado anticolonialista, e bem sabemos que, em determinadas circunstâncias, não temos a escolha das armas. O anticolonialismo do africano é um anticolonialismo de luta e não uma repartição da consciência étnica – os colonialistas belgas, ingleses ou franceses precisam habituar-se a ver em cada africano um inimigo renhido de sua dominação na África.

O argelino, na luta que trava há mais de quatro anos contra um exército de cerca de 1 milhão de soldados, fortaleceu ao mesmo tempo sua consciência nacional e a dimensão africana de sua existência. O edifício colonial africano em seu conjunto sente no mais profundo de sua substância os contragolpes da guerra da Argélia; e as inovações políticas francesas no resto da África surgiram sob a pressão da guerra da Argélia. Mais exatamente, a lei-quadro e a recente comunidade dos Estados foram propostas em momentos determinados de presciência da abertura de uma eventual frente armada nos territórios sob dominação francesa.

O povo argelino luta pela libertação da África e contribui com os outros povos para expulsar o colonialismo de nosso continente. A África está em guerra contra o colonialismo e está impaciente. Os países africanos devem tomar o caminho de uma associação de combate, pois o inimigo é poderoso, forte e suas possibilidades de manobra continuam sendo importantes.

Os países africanos devem se unir, pois o imperialismo, por seu lado, vem consolidando suas posições e está descobrindo novas configurações, novas formas de se perpetuar.

Escuta, homem branco!, de Richard Wright

El Moudjahid, n. 47, 3 de agosto de 1959[1]

Se há uma atitude estéril, é a que consiste em um oprimido se dirigir ao "coração" de seus opressores: não há exemplo na história de uma potência dominante que tenha cedido às objurgações, por mais comoventes ou razoáveis

---

[1] II, p. 393. Em *Frantz Fanon, portrait* (cit., p. 156), Alice Cherki atribui este artigo a Fanon, que admirava muito Wright na época de Blida, mas desligou-se dele em seguida, diferentemente de Chester Himes, do qual falava em suas conferências em Túnis. Winburn T. Thomas publicou uma carta de Fanon para Richard Wright, datada de 1953, na coletânea *Richard Wright: Impressions and Perspectives*, organizada por David Ray e Robert M. Farnsworth (Ann Arbor, University of Michigan Press, 1971). Segue-se a sua retradução:
"Doutor Frantz Fanon, Hospital Psiquiátrico de Saint-Alban (Lozère)
Saint-Alban, 6 de janeiro de 1953
Caro senhor,
Peço que me desculpe a liberdade que tomo de lhe escrever. Alioune Diop, diretor da [revista] *Présence Africaine*, teve a gentileza de me dar seu endereço. Estou trabalhando num estudo dedicado à dimensão humana das suas obras.
De sua obra, tenho *Filho nativo, Black Boy, Twelve Million Black Voices* e *Uncle Tom's Children*, que encomendei (não sei se o livro está disponível na França), duas novelas, uma publicada em *Les Temps Modernes*, outra na *Présence Africaine*. Preocupado em circunscrever da maneira mais completa a extensão de sua mensagem, eu lhe agradeceria se me indicasse o título de obras que eu possa não conhecer.
Meu nome deve ser desconhecido para o senhor. Escrevi um ensaio, *Pele negra, máscaras brancas*, que foi publicado pela [editora] Le Seuil, e no qual me empenhei em mostrar a incompreensão sistemática entre brancos e negros. Esperando receber notícias suas, sou etc."
Esta carta para Richard Wright é interessante porque mostra a importância da cultura afro-americana para o Fanon da primeira fase, na linha de influência do Harlem Renaissance sobre os autores da negritude. Essa influência, pelo menos para Wright, começou a se apagar com o engajamento nas revoluções africanas. Ver também Michel Fabre, "Fanon et Richard Wright", em Leo Dacy (org.), *L'Actualité de Frantz Fanon* (Paris, Karthala, 1986).

que fossem, daquele que ela esmagava; contra interesses materiais, sentimentos e bom senso nunca são ouvidos. Portanto, não se entende muito bem que razão pode ter incitado o escritor negro Richard Wright a solicitar a "compreensão" do "homem branco"; entende-se ainda menos por seu ensaio não trazer elementos novos e repetir, sem muito vigor, o que outros já disseram.

Écoute homme blanc! [*Escuta, homem branco*]* apresenta-se, de fato, como uma "espécie de comentário [...] sobre as relações entre os brancos e os homens de cor [...] no mundo de hoje". R. Wright se propõe explicar ao europeu a mentalidade, os sentimentos, as condutas do homem negro e mostrar que seu comportamento é consequência direta das maneiras de ser e fazer do homem branco.

Trata-se, portanto, de uma espécie de *Retrato do colonizado***; como tal, o estudo de Wright padece dos mesmos defeitos que o ensaio de [Albert] Memmi: o homem negro, assim como o árabe, é captado em sua generalidade, é uma figura abstrata. Mas, diferentemente de Memmi, que se esforça por analisar em profundidade os mecanismos psicológicos do colonizado e os esquadrinha minuciosamente, com o rigor de um relojoeiro, Wright limita-se a citar os principais componentes do homem negro; dá sobre ele uma visão global e, por conseguinte, superficial.

Assim, no primeiro capítulo, dedicado às "reações psicológicas dos povos oprimidos", encontra-se uma enumeração rápida, confusa, das atitudes mais frequentes do negro em relação ao branco. Por exemplo, Wright constata que é sempre tendo por referência os brancos que os negros pensam, sentem, reagem; que eles tomam para si sua pretensa inferioridade, interiorizando-a; que desconfiam dos brancos; que, por desconfiarem deles, tendem a representar um papel diante deles; que, para compensar sua desgraça presente, refugiam-se na lembrança do passado; que, libertos, continuam a se definir em relação aos antigos senhores, seja por temer uma nova escravidão, seja por se entregar à "religião da industrialização", ao "culto do sacrifício",

---

* Trad. fr. Dominique Guillet, Paris, Calmann-Lévy, 1959. (N. E.)
** Trad. Roland Corbisier e Mariza Pinta Coelho, 3. ed., Rio de Janeiro, Paz e Terra, 1989. (N. E.)

à "mística das cifras", para realizar o mais depressa possível sua independência econômica e se libertar do jugo colonial. Essas observações, em geral, não estão erradas; mas sua generalidade – sem falar de sua banalidade – impede que sejam penetrantes; parecem abstratas, sem relação direta com o concreto.

Às vezes, Wright dá exemplos, cita casos; mas os negros que ele apresenta (um capítulo inteiro trata dos poetas negros norte-americanos) pertencem todos aos poucos ocidentalizados, e isso restringe ainda mais o alcance de seu livro: o homem negro que Wright mostra ao homem branco não é o homem negro do qual lhe está falando. Ora, já que ele quer denunciar a miséria das massas africanas, sua alienação radical pelo colonialismo, em todos os âmbitos, e já que pretende sensibilizar o europeu para sua absoluta penúria, é em sua vida cotidiana, prosaica, que deveriam ser buscados exemplos; se ele não conhecia essa vida, por que não dar números (sobre mortalidade infantil, subnutrição, salários) mais convincentes, mais significativos do que um poema? É fato que os escritores e os poetas negros também têm seus sofrimentos, que o drama de consciência de um negro ocidentalizado, dividido entre sua cultura branca e sua negritude, pode ser muito doloroso; mas esse drama, que, afinal de contas, não mata o ser humano, é particular demais para ser representativo: a desgraça das massas africanas colonizadas, exploradas, subjugadas é antes de tudo de ordem vital, material; os dissabores espirituais da "elite" são um luxo que elas não têm condições de se oferecer.

Como acabar com essa exploração, devolver aos povos da África a iniciativa de sua história, por quais meios (guerra revolucionária, emancipação gradual), essa é a questão principal; mas também nesse ponto R. Wright passa ao largo, perde-se em tagarelice, interessando-se apenas pelas "elites".

Escreve, por exemplo: "Nosso problema comum [aos brancos e aos negros] não é racial, não é religioso, não é inteiramente econômico, não é essencialmente político". É o quê, então? Metafísico? R. Wright responde: "Esse problema é o da liberdade". Belo achado. Mas que liberdade? Ele não diz. E como obter essa liberdade? Agindo, lutando? Não, esperando: "O Ocidente, para permanecer ocidental, livre e um tanto racional, deve estar disposto a conceder a liberdade à elite... O Ocidente deve cumprir um ato de fé e agir assim". Para um homem que se gaba de ser leigo e racionalista, esse conselho é bastante surpreendente; mas ele é claro: "Homens da Europa, deem instrumentos a essa elite [sempre ela] e deixem que ela termine sua tarefa". Assim, o questionamento do homem branco, de seus métodos, de sua presença na África como ocupante e como explorador, muda de figura: se devemos confiar nele, então ele não é tão mau.

Enfim, esse é o postulado que subentende o apelo de R. Wright e motiva seu raciocínio: uma confiança irracional, injustificada, na "lucidez", na "generosidade" do Ocidente. A história não ensinou nada para Richard Wright? Há razões para o supor.

Em Conacri, ele declara: "A paz mundial passa pela independência nacional"

El Moudjahid, n. 63, 25 de abril de 1960[1]

A Frente de Libertação Nacional argelina, consciente da importância da luta dos combatentes visando à liquidação total das forças de dominação e exploração, consciente de sua contribuição para a libertação de nosso continente, afirma que prosseguirá sem arrefecer seu combate libertador pela independência e pela soberania nacional argelina.

E, de fato, a reconquista da soberania nacional argelina não será apenas uma vitória argelina, mas uma vitória africana, um triunfo asiático, um passo rumo à realização de uma humanidade livre e feliz. O colonialismo francês, pressionado pelas tenazes de nossa vontade comum, é levado em ritmo acelerado a travar combates de retaguarda, todos fadados ao fracasso.

Assim, instalando repúblicas sem substância e concedendo independências nominais ao sul do Saara, o colonialismo francês espera se fortalecer ao norte, precisamente na Argélia, apresentada como a cabeça de ponte do imperialismo no continente africano. Mas esse recuo pseudoestratégico é, na verdade, apenas o começo de um processo de desagregação do imperialismo. Vencer o colonialismo na Argélia é ao mesmo tempo permitir e garantir o triunfo da soberania nacional argelina e tirar do imperialismo qualquer esperança de retorno substancial à África. E cada fratura nas fileiras do colonialismo francês repercute no seio das forças imperialistas...

A revolução argelina, por consagrar o florescimento do cidadão argelino, por receber o apoio entusiasta da opinião pública mundial, é uma força com

---

[1] III, p. 61. Intervenção de 12 de abril de 1960 como representante da Argélia na Conferência Afro-Asiática de Conacri (11-15 de abril de 1960).

a qual se deve contar. O governo argelino propõe ao governo francês buscar com ele uma solução viável para que cesse o derramamento de sangue.

O governo francês responde que precisa antes de tudo esmagar as forças revolucionárias argelinas. Afirmamos que o Exército francês não pode vislumbrar uma vitória militar. O valente Exército de Libertação Nacional vem reforçando incessantemente seu potencial militar, ao mesmo tempo que as organizações revolucionárias instalam a autoridade do Estado argelino em todo o território nacional, e isso com o apoio constante do povo, que está mais unido e decidido do que nunca.

O governo francês usa como pretexto a existência de uma minoria europeia para recusar qualquer solução suscetível de acabar com o conflito que está devastando a Argélia. O presidente Ferhat Abbas, em sua declaração de 22 de fevereiro de 1960, reafirmava solenemente a vontade do povo argelino de beneficiar a todos com liberdades democráticas e, em termos elevados, convidava os europeus da Argélia a ocuparem lugar no seio da pátria e construírem conosco a República Argelina democrática e social...

No momento em que a distensão progride sensivelmente no mundo, em que se condena cada vez mais o recurso à força, o governo francês decide intensificar a guerra na Argélia e o general De Gaulle promete ao Exército francês futuros campos de batalha. Por isso, nós argelinos, às vésperas da importante Conferência de Cúpula, fazemos questão de afirmar que a distensão internacional e a segurança do mundo passam necessariamente pela independência nacional, pelo reconhecimento efetivo do direito dos povos a dispor de si mesmos e pela liquidação dos regimes de opressão.

A guerra da Argélia e as experiências nucleares no Saara inserem-se numa política precisa de intimidação dos povos e de sabotagem da paz. O fim da guerra da Argélia é necessidade imperiosa, caso se queira trabalhar seriamente pela paz no mundo. Não é preciso dizer por que estamos confiantes no plano estritamente militar. Queremos apenas sublinhar que nossa estratégia se realiza de acordo com o programa previsto e que a reviravolta do governo francês não nos surpreende.

Acrescentemos que é difícil aceitarmos que haja Estados que permaneçam neutros diante da guerra da Argélia. A luta justa que prosseguimos deve, a nosso ver, acarretar o apoio de todos os homens de boa vontade. Alguns tentam desculpar seu neutralismo negativo alegando a existência de tratados com a França. Quanto a nós, pensamos que esses tratados devem despertar a suspeita e a desconfiança dos que lutam pelo direito dos homens, pelo direito dos povos a dispor de si mesmos, pela liberdade e dignidade.

Não estamos dizendo que os que não estão conosco estão contra nós, mas que os que não estão conosco não estão conosco, e o povo argelino, ao contar seus amigos, está intensamente estimulado pela firmeza deles e pela densidade de suas fileiras.

A África acusa o Ocidente

El Moudjahid, n. 78, 23 de fevereiro de 1961[1]

Patrice Lumumba nasceu em 2 de julho de 1925 em Katako-Kombé, no Cassai. Seu pai e sua mãe são pequenos agricultores da etnia batetela, que manteve quase sozinha a luta contra o invasor belga durante cerca de vinte anos. Aos seis anos, Patrice foi matriculado pelos pais numa escola de missionários católicos. Dois anos depois, revoltou-se contra os ensinamentos dos padres: "Foi então", diz ele, "que tive a revelação da injustiça dos pregadores, que eram, de fato, nossos donos absolutos".

Ele abandonou a escola da missão. "Meu pai", contava, "era supersticioso, temia o 'Deus dos brancos'". Patrice foi expulso da casa paterna, apesar das súplicas da mãe. Seu tio materno, que mais tarde se tornará o general Lundula, ajudou-o em segredo, também temendo as represálias dos "bons padres". Patrice conseguiu uma instrução mais liberal numa missão protestante, mas guardará pela vida toda a lembrança de sua primeira escola.

Em 1943, foi empregado de uma empresa comercial, depois se tornou funcionário dos correios, em Stanleyville. Fazia parte do "Círculo dos Evoluídos", associação cultural em que só eram admitidos congoleses letrados e com emprego. Em pouco tempo tornou-se presidente do círculo, em que ideias de emancipação e libertação são severamente discutidas por aqueles que, mais tarde, se tornarão os responsáveis pelo governo de Stanleyville.

Em 1954, Patrice Lumumba mais uma vez entrou em conflito com os onipotentes missionários, a propósito da laicização do ensino. Foi condenado em 1956 a dois anos de prisão por um suposto "desvio de fundos".

---

[1] III, p. 417 e seg. (JF; GP).

Era a época em que os missionários se enfureciam contra os que ameaçavam seu império... Em 1958, ao sair da prisão, Patrice Lumumba emigrou para Leopoldville, onde começou a trabalhar como contador na cervejaria Polar; logo se tornou diretor comercial adjunto da empresa.

No mesmo ano, foi a Bruxelas visitar a Exposição Internacional de Artes e Técnicas. Lá encontrou todos os jovens congoleses conscientes da situação de seu país. Ao voltar para Leopoldville, em 10 de outubro, fundou o Movimento Nacional Congolês com Diorni, Iléo (que depois o traiu) e N'Guvulu. Programa do MNC: democratização das instituições, defesa da unidade congolesa, independência. Em dezembro, Lumumba participou da primeira conferência pan-africana de Acra. Ele mesmo disse que foi lá que tomou definitivamente consciência da solidariedade dos povos da África.

Em janeiro de 1959, a polícia belga provocou distúrbios em Leopoldville para tentar decapitar o movimento de independência; a repressão foi sangrenta: várias centenas de fuzilados. Lumumba multiplicou os encontros, as reuniões de massa, estava em toda a parte, o que preocupava os representantes do governo belga. Tentaram uma operação contra ele, sabendo muito bem que, sem ele, o partido deixaria de ser um perigo. Em 17 de julho de 1959, Iléo (a serviço da Société Générale) e Kalondji (um dos assassinos de Lumumba a serviço da Union Minière) criaram uma cisão diante da impossibilidade de excluir Lumumba do partido.

Não conseguindo neutralizar Patrice Lumumba, seus inimigos, com ajuda da polícia colonial, provocaram rebeliões em Stanleyville em 30 de outubro de 1959, por ocasião de um encontro em que o líder do MNC deveria tomar a palavra. Várias dezenas de militantes congoleses foram mortos. Patrice Lumumba foi preso em Stanleyville, em dezembro foi transferido para Catanga, a "prisão do desespero", construída em Jadotville pela Union Minière...

Em janeiro de 1960, apesar de todas as manobras de seus inimigos, as autoridades coloniais foram obrigadas a soltá-lo. Ele foi diretamente para Bruxelas, onde participou da Conferência da Mesa Redonda. Defendeu então o princípio da independência imediata e incondicional, opondo-se a Kasavubu, que a conselho de Couve de Murville – ministro francês – só pensava em unir a província de Leopoldville ao chamado Congo ex-francês, e Tshombé, porta-voz da Union Minière, que se limitou a ler as notas que seu "conselheiro" belga lhe preparou e que... propunham o controle permanente da Bélgica sobre as finanças e os negócios estrangeiros do Congo! Patrice Lumumba conseguiu arrancar a independência para 30 de junho de 1960.

Em maio do mesmo ano, o MNC e seus aliados obtiveram uma vitória esmagadora nas eleições gerais: 80% em Kivu, 70% em Cassai, 50% na província de Leopoldville; em Catanga, o governo conseguiu impor suas criaturas Tshombé e Monongo, embora só tivessem obtido 20% dos sufrágios reais. Apesar dessa vitória, Kasavubu, Tshombé, Iléo, Kalondji, todos os mercenários da colonização, fizeram de tudo para afastá-lo do poder em que o povo o colocou. Ele conseguiu se impor e fazer triunfar o direito popular.

Em 30 de junho de 1960, foi como primeiro-ministro que ele recebeu o rei dos belgas, convidado do primeiro governo da República do Congo. Lembrou ao hóspede o que foi o martírio dos congoleses durante oitenta anos de regime colonial, mas destacou que estava disposto a cooperar em pé de igualdade com a Bélgica. A Bélgica, porém, continuou fazendo intrigas e conspirando contra a soberania do Congo: em julho, rebeliões provocadas primeiro em duas empresas belgas e depois nas próprias fileiras da Força Pública, composta e comandada por oficiais belgas, deram pretexto ao governo de Bruxelas para intervir militarmente e precipitar o complô que projetava. Foi a secessão do Catanga, com o traidor Tshombé, e depois a do Cassai, com Kalondji...

Diante da intervenção dos belgas, em 13 de julho Lumumba e Kasavubu pediram ajuda às Nações Unidas. Numa mensagem que assinaram juntos, explicam: "É possível que sejamos obrigados a pedir intervenção da União Soviética, se o campo ocidental não der fim à agressão contra a soberania da República do Congo". Mas o Ocidente respondeu com a condenação de Patrice Lumumba. Em 5 de setembro, Kasavubu, num acordo com Tshombé e Kalondji, e por conselho de seus amigos belgas e franceses, declarou ilegalmente a "destituição" do governo de Patrice Lumumba. Alguns dias depois, um delator da polícia belga, promovido a coronel, Joseph Mobutu, deu um golpe de Estado militar. Por mais de uma semana, a vida de Patrice

Lumumba e de seus colaboradores foi gravemente ameaçada por matadores a serviço dos colonialistas e de seus lacaios. Patrice Lumumba, isolado, enfrentou inimigos enfurecidos. Seus colaboradores foram perseguidos, seus amigos africanos foram ameaçados de serem entregues aos colonialistas franceses. Em dezembro, Patrice Lumumba fugiu de Leopoldville com alguns amigos fiéis. Em Cassai, ficou sabendo que sua mulher e seu filho caçula, Rolland, de três anos, haviam sido presos pelos mercenários de Kalondji e Mobutu. Estava seguro de que chegaria livre a Stanleyville, onde era esperado pelo sr. Gizenga, vice-primeiro-ministro do governo legal. Para arrancar a mulher e o filho das garras dos assassinos, tomou a decisão de voltar sozinho para libertá-los. Foi preso em Leopoldville e transferido para Thysville, onde conseguiu transmitir aos seus guardas a sua fé revolucionária.

Mas em Elisabethville, novas intrigas estavam sendo urdidas. Aventureiros europeus ofereceram seus serviços a Tshombé, que estremeceu ao saber que Lumumba estava vivo e foi pressionado por seus patrões ocidentais a iniciar de uma vez por todas a reconquista do Congo. Assassinos profissionais, como o paracriminoso de guerra Trinquier, "aconselharam" o assassinato do herói da independência a fim de provocar represálias na Província Oriental, represálias essas que foram maciçamente exploradas para a destruição de Stanleyville, Bukavu e Manono.

Kasavubu e Mobutu entregaram o prisioneiro, perfeitamente cientes do plano a ser executado, pela quantia de 56 milhões de francos. A data limite de 8 de fevereiro fora estabelecida para o assassinato de Patrice Lumumba e seus dois companheiros. No dia 11, os assassinos confessaram o crime. Patrice Lumumba morreu sabendo que seu sacrifício traria a vitória a seu povo. Que ele viva para sempre no coração dos combatentes da África livre.

O odioso assassinato de Patrice Lumumba

"Se eu for assassinado", dizia Patrice Lumumba a seus íntimos, "não será por um africano genuíno, mas por ocidentais". Patrice Lumumba foi assassinado, caiu como um *moudjahid* da liberdade, "essa liberdade", ele dizia, "que não se discute". Patrice Lumumba morreu porque recusava qualquer compromisso com os inimigos da liberdade, com os traidores que foram até a sua prisão em Thysville para lhe oferecer a negociação mais ignóbil: a traição ou a morte. Ele escolheu o sacrifício, como militante: "Lutaremos até a última gota do nosso sangue para que a África seja livre...".

Hoje a África acusa o Ocidente pelo assassinato de Patrice Lumumba, primeiro-ministro da República do Congo. A África acusa os mercenários do Ocidente, Kalondji, Monongo, Mobutu, N'Dele, Kandolo, Tshombé, Kasavubu, carrascos do povo congolês. No dia 10 de outubro de 1960, quando Lumumba enfrentava sozinho a matilha de seus inimigos, o jornal da Société Générale, *Le Courrier d'Afrique*, trazia uma manchete de cinco colunas: "Lumumba é o assassino que deve ser condenado". Era o grito de ódio lançado por Albert Kalondji, homem a serviço da Union Minière, contra o homem que não aceitava a miséria de seu povo e os privilégios exorbitantes, as pilhagens das sociedades coloniais. Mas Kalondji foi mais longe: em seu discurso publicado de forma tão leviana pelo jornal de Leopoldville, ele acrescentou: "que deve ser julgado e executado".

A África acusa Fulbert Youlou de cumplicidade no assassinato[2]. No dia 8 de fevereiro, o abade da Comunidade [Franco-Africana] estava em Elisabethville com seus amigos Tshombé e Monongo. Fulbert Youlou, no final de julho, recebeu em Brazzaville os emissários desses mesmos personagens, encarregados na época de fazer contato com os homens de Kasavubu a fim de liquidar Patrice Lumumba e seus amigos. Um certo Delarue presidia esses encontros com o conselheiro íntimo de Kasavubu, o belga Le Hallu. Os dois amigos são muito ligados ao policial Dides e ao chefe dos ultras da Argélia, Jacques Soustelle, criatura do truste Péchiney, que tinha interesse na barragem de Ingra, no Congo, e circunstancialmente subsidiava as "despesas de representação" dos autonomistas bacongos – cujo chefe é justamente Joseph Kasavubu, que apreciava os conselhos do chefe de gabinete de Soustelle, Eydoux, encarregado de missão no Congo e "conselheiro da ONU" em Leopoldville...

---

2 De novembro de 1959 a agosto de 1963, o abade Fulbert Youlou (1917-1972), pró-ocidente e anticomunista, foi o primeiro presidente da República do Congo (ex-Congo Francês).

A África acusa as criaturas da Union Minière e da Bélgica: Monongo e Tshombé. Godefroy Monongo, braço direito de Tshombé, chamado de "homem forte de Catanga", o que declarava em julho, agosto, setembro, para jornalistas ocidentais: "É minha pele ou a de Lumumba, não vou errar o tiro..." [*Aqui falta uma linha*] assumindo seu ódio por Patrice Lumumba: "Vocês sabem", disse, "quais eram meus sentimentos a respeito dele". Foi Godefroy Monongo que ameaçou, em agosto, mandar atirar no avião de Ralph Bunche, representante do secretário-geral das Nações Unidas, e manteve mulheres e crianças sob a ameaça de metralhadoras na pista de aterrissagem de Catanga, temendo assistir à volta da ONU.

A África acusa as grandes sociedades imperialistas e, em primeiro lugar, o truste do cobre [de crime?] contra o povo congolês e de assassinato de seu libertador. O principal acionista da Union Minière antes da independência era a administração da colônia representada pelo CSK (Comité Spécial de Katanga), ou Comitê Especial de Catanga, que detinha dois terços das ações da poderosa sociedade mineradora. Em condições normais, estava previsto que o Estado congolês sucedesse à administração belga por ocasião de sua criação, o que tornaria minoritários os grupos financeiros ocidentais no Congo. Dois homens iriam se dedicar, a partir de janeiro, a espoliar o futuro Estado congolês: Ganshof, "ministro dos Assuntos Africanos" – homólogo de um Lacoste –, e Shryver, "encarregado dos Assuntos Econômicos". O primeiro é pai do presidente da American Eurafrican Development Corporation. O segundo é administrador da Compagnie Minière, da Companhia de Eletricidade de Catanga...

Esses "dois grandes amigos do subsolo congolês" conseguiram dissolver o CSK, em 27 de junho de 1960, três dias antes da independência. Isso significou retirar da jovem República seus principais rendimentos, significou condená-la à dependência econômica. Todavia, Patrice Lumumba conseguiu tirar, *in extremis*, 22,5% das partes da Union Minière do Alto-Catanga. Mas um "erro" foi cometido: não foi especificado se essas partes deveriam reverter para o Estado central congolês ou... o governo provincial catanguês! Tudo foi feito para que o governo central não controlasse de maneira nenhuma as atividades dos trustes no Congo. Em 2 de março de 1960, o Soustelle que rege a Rodésia do Norte, sir Roy Welensky, declarou: "Círculos catangueses me contataram para sugerir que... que estendesse uma mão amiga a Catanga, depois da independência". Multiplicaram-se as negociações entre financistas belgas e o Anglo-American Group da Rodésia. A Comissão de Assuntos Estrangeiros do Senado norte-americano convinha que "em razão da contribuição do Congo para as necessidades industriais e militares dos Estados Unidos, é essencial que nossas relações futuras com esse país nos garantam a continuidade de seus fornecimentos". Que fornecimentos são esses? O urânio de Shinkolobwe no Cassai do Sul e o cobre de Catanga.

A operação foi realizada a toque de caixa. A Union Minière e a Union pour la Colonisation, fundadoras da Conakat, levaram Moïse Tshombé ao poder da província, embora ele representasse menos de um quarto da população catanguesa, os outros três quartos (um milhão de habitantes) eram representados por um cartel aliado a Patrice Lumumba. No Cassai, onde o próprio Lumumba tinha 80% dos votos, Kalondji foi encorajado a liderar a secessão. Foi a crise. E foi a guerra ao povo congolês, a guerra à África.

A África acusa os Estados Unidos por esse complô. A África acusa o secretariado da ONU de ter dado cobertura a essa tentativa de reconquista econômica e ter comprometido o crédito das Nações Unidas. Patrice Lumumba foi assassinado porque não admitia que seu país vivesse apenas como complemento da economia imperialista dos trustes mineiros. Patrice Lumumba foi assassinado porque queria que seu país se libertasse da miséria e da servidão imposta pelos monopólios imperialistas. Patrice Lumumba foi assassinado porque quis defender a unidade de seu país e, enquanto vivo, mesmo acorrentado, torturado, humilhado, representava a vontade do povo congolês de se libertar.

"Se eu for assassinado, não será por um africano genuíno, mas por ocidentais..." O próprio Patrice Lumumba denunciou seus assassinos antes que eles se denunciassem por sua ignorância da África. Esqueceram-se de que, anunciando o desaparecimento de Lumumba sem ousar revelar as circunstâncias reais de seu assassinato nem o local de sua sepultura, proclamavam que Lumumba não foi derrotado. Para o povo congolês, Patrice Lumumba é para sempre o herói legendário de um Congo vitorioso. Amanhã, o fervor popular assinalará a presença de Patrice Lumumba por toda a parte onde os militantes da liberdade estiverem combatendo as hordas imperialistas: ele estará ao mesmo tempo em Kivu, Cassai, Catanga, Stanleyville, Leopoldville...

Patrice Lumumba tinha toda a razão. Lembrou, com seu sacrifício supremo, que "não há compromisso com os inimigos da liberdade".

Os lacaios do imperialismo
Governo provisório da República da Argélia,
Missão em Gana, 14 de dezembro de 1960[1]

Os lacaios do imperialismo

É lugar-comum afirmar que cada período da história tem suas características particulares. A era colonial, por exemplo, tinha uma psicologia própria, seus próprios heróis e traidores. Antes do desmoronamento do colonialismo na África e no mundo, africanos chegaram a sustentar com toda a seriedade que era absolutamente impossível prescindir da Europa. Falando mais diretamente, via-se homens políticos africanos lutar contra seus irmãos que haviam decidido combater pela libertação de seu país.

Mas é preciso dizer que, no conjunto, esses anacronismos desapareceram. Certamente ainda há, aqui e ali, alguns indivíduos inabaláveis, mas nunca traidores propriamente ditos, que o sejam consciente e definitivamente. As atividades dos que prosseguiram uma luta de retaguarda em favor do colonialismo foram dissimuladas sob um véu de decência e prudência. Era possível, sem muita dificuldade, identificar nelas um complexo de dependência ou inferioridade, ou, dito mais diretamente, uma propensão muito

---

[1] Service d'Information, v. 1, n. 6 (Imec Fonds Fanon, FNN 2.2); tradução do inglês de Mélanie Heydari. Apesar de não assinado, este texto é evidentemente de Fanon. Encontramos nele a insistência na articulação entre psicologia e história, em particular as reflexões recorrentes sobre as razões históricas do "complexo de dependência" do colonizado (ver a crítica a Octave Mannoni em *Pele negra, máscaras brancas*) e os complexos de inferioridade. Para a direção da FLN, este documento, traduzido em inglês, destinava-se à Assembleia Geral da ONU, que deveria adotar uma resolução sobre a questão argelina em 19 de dezembro de 1960 (ver em especial Khalfa Mameri, *Les Nations unies face à la "question algérienne" (1954-1962)*, Argel, Sned, 1969).

clara à adulação, mas nunca a atitude resoluta de traição como acabaram de demonstrar os dirigentes da missão senegalesa junto às Nações Unidas[2].

Na verdade, muitos dirigentes africanos sabiam que a "Comunidade Francesa", que surgiu num momento de confusão e [ir]responsabilidade, não augurava nada de bom[3]. Mesmo vistos à distância, muitos governos estabelecidos nesses países pelo governo francês conduzem uma política africana marcada pela felonia. Os debates da comissão política das Nações Unidas sobre o problema argelino acabam de confirmar (o que é lastimável para a dignidade africana) que ainda em 1960, ano que alguns chamaram de ano da África, há representantes de povos africanos que pretendem preencher as fendas abertas nas fortalezas do colonialismo e lutar "valentemente" para prolongar alguns anos, ou mesmo alguns dias, a dominação ocidental sobre os homens e as mulheres da África.

O governo francês sabia há seis meses que neste ano as Nações Unidas se preparavam para abandonar sua atitude teórica e intervir concretamente

---

[2] Alusão às declarações à ONU sobre a "questão argelina" dos dirigentes do Senegal, que se tornou "independente" em junho de 1960. Ver Mamadou Dia e Gabriel d'Arboussier, *La paix en Algérie par la négociation: la position du Sénégal à l'ONU dans le débat algérien* (pref. Léopol Sédar Senghor, Tânger, EMI, 1961). Esse livro inclui: o discurso pronunciado na Assembleia das Nações Unidas, na quinta-feira, 8 de dezembro de 1960, por Mamadou Dia (1910-2009, primeiro-ministro do Senegal); o discurso proferido por Gabriel d'Arboussier em 13 de dezembro diante da primeira comissão das Nações Unidas; a intervenção do sr. D'Arboussier em nome dos onze Estados africanos na Assembleia Plenária da ONU em 19 de dezembro de 1960. Gabriel d'Arboussier (1908-1976), nascido no Sudão francês, ex-administrador colonial, foi um dos fundadores do Rassemblement Démocratique Africain (próximo do Partido Comunista Francês), antes de se tornar ministro da Justiça do governo senegalês depois da independência (de 1960 a 1962). Curiosamente, esse ministro de Senghor havia publicado em junho de 1949, no jornal comunista *La Nouvelle Critique*, uma crítica violenta a *Orfeu negro*, de Sartre [ed. bras.: trad. J. Guinsburg, 3. ed., São Paulo, Difusão Europeia do Livro, 1968], com o título "Une dangereuse mystification: la théorie de la négritude" [Uma perigosa mistificação: a teoria da negritude]. Fanon a cita em *Pele negra, máscaras brancas* (em *Oeuvres*, cit., p. 202).

[3] Essa associação política proposta pela França aos países-membros de seu império colonial, prevista na Constituição de outubro de 1958 da V República, tornou-se obsoleta no fim de 1960, com a independência das últimas colônias.

na guerra colonial na Argélia: os aliados ocidentais da França tinham avisado que já não lutariam abertamente pela manutenção da Argélia francesa. Foi então que o governo francês rapidamente criou sua Comunidade, exortando Estados que não passavam de fantasmas, para não dizer fantoches, a aderir às Nações Unidas, instando-os a engajar-se numa ação política particularmente perigosa e mortífera, como mercenários expostos aos golpes mais mortais e satisfeitos por deixar às tropas nacionais ou aos grupos aliados o papel de reservistas.

Isso não impediu que o sr. Dia tirasse a máscara e revelasse sua face pérfida, sua face de traidor, e preconizasse diante do mundo inteiro, em combinação com o sr. D'Arboussier (que passou os últimos seis anos visitando as regiões da África, uma a uma, em busca do dinheiro e das doçuras da corrupção), a defesa da França, em seu esforço para erradicar o povo da Argélia.

Depois que o "abade" Youlou não conseguiu garantir um simples adiamento do debate, o sr. Dia revelou seu jogo vil. Solicitou às Nações Unidas que não condenassem a França, que confiassem em De Gaulle. E, no mesmo fôlego, recapitulando as teorias habitualmente alegadas pelos colonialistas, afirmou que havia diferentes tendências dentro do governo provisório da República Argelina: extremismo, moderação e frouxidão. Enfim, para coroar, o sr. Dia solicitou às Nações Unidas que confiassem a ele (ou a seus cúmplices da Comunidade) a tarefa de organizar e supervisionar um referendo na Argélia.

As delegações africanas nas Nações Unidas condenaram unanimemente as intervenções dos porta-vozes do colonialismo francês na África. A expressão utilizada com mais frequência para qualificar suas maquinações é o termo "traição". E, de fato, assistimos a um ato de traição deliberada. A conferência de Abidjã[4], que se realizou a portas fechadas, tinha mesmo cheiro de complô. Seguiu-se a ela a tal viagem a Túnis [*do sr. Dia*], durante a qual as teorias colonialistas foram defendidas com ardor, convicção e paixão. Hoje, a máscara caiu: o sr. Dia aparece como nada menos do que um miserável

---

4 Conferência dos chefes de Estado e governo dos países africanos de expressão francesa, outubro de 1960.

bufão, renegado pela história e a um passo de ser mandado para a "câmara dos horrores". E é a ela que será relegado.

Nós, argelinos, estamos empenhados em não recuar diante de nenhum obstáculo. As divisões blindadas do Exército francês, os milhares de aviões, as barreiras eletrificadas, nada disso abalou nossa determinação de vencer. Tivemos traidores e os liquidamos.

O sr. Dia, traidor da nação senegalesa que ele vendeu aos colonialistas franceses, hoje estende sua traição ao conjunto da África e agora está disposto a vender a Argélia. Mas ele deveria saber que a Argélia não aceitará ser vendida. Há seis anos nosso povo vem sendo submetido aos golpes mais mortais jamais desferidos contra um povo colonizado. Não deixará homens da corja de Dia lhe roubar a vitória. Já que o sr. Dia nos atacou, responderemos, e nossa resposta será implacável. Perguntamos ao sr. Dia se consentiria em atirar contra patriotas argelinos. Ele respondeu que se abstinha de resposta. Que ele tenha a certeza de que nenhum patriota argelino se absterá de resposta. Existem criaturas odiosas, e é urgente que a África se livre delas.

A viagem do general De Gaulle à Argélia

Em 1º de novembro [de 1960], o general De Gaulle lançou a primeira ofensiva das suas operações na ONU[5]. Num discurso dirigido à nação francesa, na verdade destinado principalmente à opinião pública mundial, o presidente da República Francesa pareceu fazer, formalmente, concessões importantes à ideia de uma nação argelina. Disse em voz alta o que o mundo todo pensava, ou seja, que a guerra na Argélia estava num impasse, que era preciso pôr um termo a ela e que a soberania do povo argelino tinha de ser reconhecida.

Apresentando esse "programa generoso", o general De Gaulle esperava sabotar os debates das Nações Unidas sobre a guerra na Argélia. Como acontece todos os anos na véspera dos debates, os sucessivos governos franceses agem, de fato, com o único objetivo de, por assim dizer, contornar as Nações

---

[5] Trata-se, na verdade, de 4 de novembro de 1960, data do pronunciamento do general De Gaulle na televisão francesa sobre a "solução argelina".

Unidas. No ano passado, ouvimos o famoso discurso sobre a "autodeterminação". Este ano tivemos direito a uma "Argélia argelina", à República da Argélia associada à França. Depois de chorar a perda de uma Argélia francesa, o general De Gaulle sonha hoje com uma Argélia argelina puramente pró-forma, que no fundo se manteria essencialmente francesa – uma Argélia na Comunidade, como o Gabão ou o Congo do "abade" Youlou, uma Argélia sem a FLN e a revolução argelina, em suma, uma Argélia muito francesa. Mas o que o general De Gaulle não entende é que uma Argélia como essa é apenas fruto de sua imaginação. Não há lugar para uma Argélia sem a FLN, pois esta não é nada menos do que a reunião do povo da Argélia animado pelo desejo firme de alcançar a independência.

A segunda fase da campanha deveria ser conduzida pelo Conselho de Defesa prodigamente remunerado da "Comunidade Francesa", enquanto o general De Gaulle organizaria um plebiscito a fim de testar o apoio ao seu programa. Hoje se sabe exatamente o que significava aquela viagem [de 9 a 14 de dezembro de 1960]. Os colonos instalados na Argélia recusaram-se a deixar De Gaulle entrar na Argélia e mantiveram um sistema de violência social como o que existe nos países fascistas e nos lugares onde impera a barbárie.

E bem no meio dessa onda de violência, os argelinos das cidades, que tantas vezes foram vítimas de perseguições e torturas, desfilaram brandindo a bandeira argelina e ovacionaram longamente o primeiro-ministro Ferhat Abbas, rendendo homenagem solene ao guardião de nosso ideal, o Exército de Libertação Nacional. As tropas francesas, mais uma vez com o auxílio dos colonos, metralharam impiedosamente os argelinos, deixando mais de 200 mortos e 2.500 feridos[6]. Esses mortos e feridos provam para a opinião pública mundial, se é que era necessário, que não pode haver uma "terceira força" na Argélia, que o povo está unanimemente entrincheirado por trás da palavra [*aqui falta uma linha no original desta brochura mimeografada*].

Esses mortos e feridos também lembram ao mundo que essa guerra que mergulhou a África no luto apresenta, há seis anos, características ao mesmo

---

[6] Particularmente em 11 de dezembro de 1960.

tempo trágicas e terríveis. Um povo sem defesa, ceifado por metralhadoras e blindados, mulheres e crianças metralhadas do céu, policiais dedicando-se à tortura: essa é a ordem natural da existência na Argélia há seis anos. No entanto, a despeito desse tratamento ignominioso, os argelinos continuam afirmando abertamente seu apego à ideia da independência e sua adesão ativa ao glorioso exército nacional argelino.

Assim, no decorrer da viagem, o general De Gaulle se viu diante de uma situação inesperada, tanto que abreviou a estadia e voltou às pressas para Paris. Hoje ele dispõe de todos os dados do problema: ou negocia com o governo provisório do povo argelino, ou continua acariciando o sonho mórbido de instalar uma República Argelina irresponsável, fantoche. As Nações Unidas também tiveram a oportunidade, durante o debate aprofundado sobre a Argélia, de avaliar a urgência de intervir diretamente nessa guerra, visto o enfraquecimento e a impotência do governo francês. Depois do fracasso de Melun, o governo provisório da República Argelina está isolado, sem interlocutor legítimo[7]. As Nações Unidas devem então cumprir a sua missão: organizar e supervisionar um referendo na Argélia.

---

[7] Alusão ao fracasso, em junho de 1960, das negociações secretas entre a FLN e o governo francês em Melun.

Carta a Ali Shariati

Apresentação de Sara Shariati
e tradução de Ehsan Shariati

Durante sua permanência em Paris (1959-1964), Ali Shariati conheceu a obra e a pessoa de Frantz Fanon. Esse militante iraniano, patriota e democrata convicto, era membro da Frente Nacional do doutor Mossadegh, líder do movimento de nacionalização do petróleo iraniano. Na época era aluno de Louis Massignon (1883-1962) e Jacques Berque (1910-1955) em estudos islâmicos; de Georges Gurvitch (1894-1965) e Henri Lefebvre (1901-1991) em sociologia; e foi influenciado em filosofia pela corrente fenomenológica e existencialista de Sartre e Merleau-Ponty.

Durante esses anos, estávamos em plena Guerra da Argélia. Shariati não escondia sua simpatia pela luta do povo argelino e da FLN, com a qual certo dia entrou em contato direto, absolutamente por acaso, numa barbearia argelina. O barbeiro, membro da FLN, colocou-o em contato com uma rede parisiense que faria uso de seu quartinho de estudante. A partir dessa colaboração, ele passou a ler apaixonadamente toda uma literatura revolucionária da época, mais tarde qualificada de "terceiro-mundista" (impressionaram-no particularmente La nuit coloniale [A noite colonial], *de Ferhat Abbas, e* Le meilleur combat [O melhor combate], *de Amar Ouzegane, ambos publicados em 1962 pela Julliard).*

Foi assim que ele conheceu Fanon e começou a traduzi-lo para o persa, a fim de apresentá-lo ao mundo intelectual iraniano e estimular seu entorno a realizar esse trabalho. Traduziu a conclusão de Os condenados da terra, *acompanhada da abertura do prefácio de Sartre, depois de começar uma tradução (inacabada) de* L'An V de la révolution algérienne [O ano V da revolução argelina]. *Desse trabalho nascerá posteriormente uma série de traduções coletivas e individuais mais completas. Anteriormente, ele entrara em contato com Fanon e tentara manter uma correspondência com ele. Fanon faleceu em 6 de dezembro de 1961, aos 36 anos, e Shariati deixou a França, mais de dois anos depois, em março de 1964.*

No "Prólogo dirigido aos leitores" de seu tratado Islamologie *(ver* Oeuvres complètes, *n. 30, p. 6-7), Shariati cita Fanon, do qual traduz uma carta enviada em 1961 do escritório do* El Moudjahid, *que ele apresenta assim: "No fim deste diálogo com vocês [nesta introdução], gostaria de ler um trecho da carta de Frantz Fanon, meu amigo genial, uma das mais belas figuras heroicas daqueles tempos vis, carta que ele me escreveu nos últimos dias de sua vida"*[1].

Mais do que toda a Ásia e toda a África, [o mundo do] o islã lutou contra o Ocidente e o colonialismo. Por esses dois velhos inimigos, ele foi gravemente ferido no corpo e na alma. E carrega sozinho o ódio dos dois, que o golpearam mais terrivelmente do que os outros. E eu, embora não tendo por ele os mesmos sentimentos que você, poderia insistir até mais do que você na afirmação que você faz de que no Terceiro Mundo (e, permita-me, mais no Oriente Próximo e no Oriente Médio) o islã tem, mais do que todas as outras forças sociais e alternativas ideológicas, a capacidade anticolonialista e o caráter antiocidental. [...]

Desejo que seus intelectuais autênticos possam, tendo em vista uma tomada de consciência universal das massas populares de seus países e sua mobilização na luta defensiva contra a agressão e as tentações das ideias, métodos e soluções malévolas e suspeitas provenientes da Europa, desejo que seus intelectuais autênticos possam explorar os imensos recursos culturais e sociais escondidos no fundo das sociedades e dos espíritos muçulmanos, na perspectiva da emancipação e para a fundação de uma outra humanidade e uma outra civilização, e insuflar esse espírito no corpo cansado do Oriente muçulmano. É a você e a seus colegas que cabe cumprir essa missão. Sei, é

---

[1] Shariati lembra que antes ele havia traduzido e publicado essa carta na França (provavelmente na gráfica clandestina da oposição iraniana no estrangeiro), confiando-a em seguida, com duas outras cartas, à sra. Zohra Drif, que tinha a intenção de publicar a correspondência de Fanon em Túnis. [Não encontramos nenhum vestígio dessa correspondência. Zohra Drif, nascida em 1934, é uma célebre combatente da guerra de libertação, hoje senadora.]

claro, que seus esforços nesse sentido, apesar das aparências, não são incompatíveis com o meu objetivo de construir uma nação unida e harmoniosa nesse país do Terceiro Mundo – antes, diria eu, esse terceiro país do mundo. Pois o que nos une atualmente leva-me a reconhecer essa trajetória como um grande passo inteligente em direção ao meu ideal.

Entretanto, penso que reavivar o espírito sectário e religioso entravaria mais essa unificação necessária – já difícil de conseguir – e distancia essa nação ainda inexistente, que é no máximo uma "nação em devir", de seu futuro ideal para aproximá-la de seu passado. É o que sempre temo e me angustia nos esforços dos militantes íntegros da Associação dos Ulemás Magrebinos – com todo o meu respeito por suas eficazes contribuições à luta contra o colonialismo cultural francês.

No entanto, a interpretação que você faz do renascimento do espírito religioso e os esforços que você empreende para mobilizar essa grande potência – que atualmente está às voltas com os conflitos internos ou acometida de paralisia –, visando a emancipação de uma grande parte da humanidade ameaçada pela alienação e pela despersonalização e cujo retorno ao islã aparece como um recuo para dentro de si mesma, será o caminho que você tomou, a exemplo de Senghor, Jomo, Kenyatta, Nyerere e Kateb Yacine, com sua empreitada de renovação do nacionalismo africano, ou então da renovação do classicismo de Henri Alleg. Quanto a mim, embora meu caminho se separe do seu, e até mesmo se oponha a ele, estou convencido de que eles acabarão por se encontrar no rumo do destino em que o homem vive bem.

Fanon e sua equipe médica no hospital psiquiátrico Blida-Joinville, na Argélia, onde trabalhou de 1953 a 1956.

Cronologia

1925 20 de junho: nascimento de Frantz Fanon em Fort-de-France, na Martinica.
Fanon e sua família moram na Rue de la République, 33, Fort-de--France.
Frequenta a escola da Rue Perrinon, depois o Lycée Schoelcher.

1939 Início da Segunda Guerra Mundial. As escolas de Fort-de-France são fechadas.
Setembro: o almirante Georges Robert chega à Martinica. Começa na ilha o "*tan Robè*"*.

1940 Junho: armistício entre a França e a Alemanha. Robert declara apoio a Pétain e ao governo de Vichy.
Novembro: Frantz e Joby Fanon são enviados a Le François para ficar com o tio Édouard. Lá o liceu permanecia aberto.

1941 Reabertura das escolas, os meninos Fanon voltam para Fort-de--France. Frantz conhece Aimé Césaire, então com 26 anos e professor do Lycée Schoelcher.

1943 Janeiro: no dia do casamento de seu irmão, Frantz Fanon, com dezessete anos, vai clandestinamente à Dominica para tentar reunir-se às Forças Francesas Livres.
Junho: o almirante Robert é derrubado pelo gaullista Henri Tourtet. Fanon, repatriado da Dominica, volta para o liceu.

---

* *An tan Robé*, em crioulo francês, deriva do francês "du temps de Robert" (no tempo de Robert). (N. T.)

1944 Fanon se alista nas Forças Francesas Livres, no 5º Batalhão de Marcha das Antilhas (BMA5), contra a vontade da família.
Março: o batalhão vai para Casablanca, de onde é encaminhado para o acampamento de El Hajeb, perto de Meknès.
Julho: transferência para Orléansville (Chlef), na Argélia.
Agosto: operação Anvil (Enclume), lançada pela 1ª Força Aérea dos Estados Unidos no Sul da França. Libertação de Paris.
Setembro: Fanon atravessa o Mediterrâneo e desembarca perto de Saint-Tropez. É reconvocado para o 6º Regimento de Artilharia senegalês. As tropas avançam para o norte, até o vale do Ródano.
Setembro: Lyon é libertada.
Novembro: começa o avanço francês na Alsácia.
25 de novembro: em combate perto de Montbéliard, no Doubs, Fanon é ferido no peito por estilhaços de bomba. É hospitalizado em Nantua. Recebe a Estrela de Bronze*. Restabelecido, vai para Paris.

1945 Janeiro: volta a reunir-se ao seu regimento nas margens do Reno.
Maio: a Alemanha capitula. Fanon permanece estacionado em Toulon.
Agosto: Fanon é transferido para Rouen e fica acantonado no Château du Chapitre.
Outubro: toma o cargueiro San Mateo rumo à Martinica.
Volta ao Lycée Schoelcher para terminar o *baccalauréat*.

1946 Outono: Fanon parte para Le Havre, de onde vai de trem para Paris, com a intenção de estudar odontologia. Depois de algumas semanas, deixa Paris para estudar medicina em Lyon. Faz cursos de biologia, física e química.

1947 Janeiro: Félix Casimir Fanon, pai de Fanon, morre aos 56 anos.
Fanon é espancado pela polícia durante uma manifestação pela libertação de Paul Vergès, chefe do Partido Comunista da ilha da Reunião.

---

* Condecoração militar das Forças Armadas dos Estados Unidos, criada em 1944. É concedida por bravura, atos de mérito ou serviço meritório. Trata-se da quarta mais importante condecoração militar estadunidense. (N. E.)

1948	Fevereiro: Fanon publica uma pequena revista estudantil, a *Tam-Tam*. Começa uma relação com Michelle B. Nascimento de sua filha Mireille.
1949	Fanon conhece Marie-Josèphe Dublé (Josie) no Célestins, teatro de Lyon. Escreve duas peças de teatro, *L'oeil se noie* [O olho naufraga] e *Les mains parallèles* [As mãos paralelas].
1949--1951	Começa sua especialização em psiquiatria. Faz um curso no hospital psiquiátrico de Vinatier, depois escolhe estudar na Faculdade de Medicina da Universidade de Lyon, sob orientação do professor Jean Dechaume. Conhece Nicole Guillet, que lhe apresentará o psiquiatra François Tosquelles (provavelmente em 1952).
1951	Consegue emprego temporário como interno no hospital de Saint--Ylie, na comuna de Dole (Jura). A ideia de apresentar *Pele negra, máscaras brancas* como tese é rejeitada. Novembro: Fanon defende a tese *Altérations mentales, modifications caractérielles, troubles psychiques et déficit intellectuel dans l'hérédo--dégénération spino-cérébelleuse* [Alterações mentais, modificações caracteriais, transtornos psíquicos e déficit intelectual na heredodegeneração espinho-cerebelar].
1952	Fevereiro: publica seu primeiro artigo, "Le syndrome nord-africain" [A síndrome norte-africana], na revista *Esprit*. Fevereiro-março: estada na Martinica. Transfere-se para o hospital psiquiátrico de Saint-Alban-sur--Limagnole (Lozère), onde trabalha como interno com François Tosquelles. Abril-junho: publicação de *Pele negra, máscaras brancas* pela Éditions du Seuil. Fanon e Josie se casam.
1953	Junho: Fanon passa no exame dos hospitais psiquiátricos, o que lhe permite ocupar o cargo de médico-chefe. Candidata-se a uma vaga em Guadalupe.

Setembro: ocupa cargo de substituto em Pontorson, no departamento da Mancha.
Outubro: é nomeado para a Argélia.
Novembro: começa a trabalhar como psiquiatra no hospital de Blida-Joinville. Lá inicia a reforma das práticas existentes e lança a psicoterapia institucional, segundo o modelo de Saint-Alban. Entre seus estagiários estão Jacques Azoulay e, a partir de 1956, Charles Geromini.

1954 1º de novembro: início da guerra da Argélia.

1955 Fanon tem os primeiros contatos com a FLN.
Nascimento de seu filho Olivier.
Fevereiro: morte de sua irmã Gabrielle, aos 33 anos.
Abril: é proclamado estado de urgência na Argélia.
Durante o verão, Fanon publica um artigo não assinado, criticando a psiquiatria da Escola de Argel, na revista *Consciences Maghrébines*.

1956 Setembro: conferência no I Congresso Mundial dos Escritores e Artistas Negros, em Paris, sobre "O racismo e a cultura".
Dezembro: Fanon envia sua demissão ao ministro residente em Argel. É expulso da Argélia. Vai para Paris e depois, via Suíça e Itália, para Túnis.

1957 Janeiro: chega a Túnis. Sob o pseudônimo de "doutor Farès", é psiquiatra no hospital de La Manouba, depois cria o Centro Psiquiátrico de Dia no hospital geral Charles-Nicolle.
Setembro: membro do comitê de redação do *El Moudjahid*.

1958 Junho: o general De Gaulle assume o poder na França, visita Argel e convoca um referendo para setembro, a fim de estabelecer a Quinta República.
A Martinica vota a favor de continuar na Comunidade Francesa.
Setembro: instalação do Governo Provisório da República Argelina (GPRA). Fanon visita Roma.
Dezembro: Fanon é membro de uma delegação da FLN na Conferência dos Povos Africanos, em Acra. Contra Nkrumah, defende o uso da violência, se necessário. Volta para Túnis, via Lisboa.

1959 Março: fala sobre "Cultura nacional e guerra de libertação" no II Congresso dos Escritores e Artistas Negros, em Roma. Faz um apelo por uma "literatura de combate".
Maio: viagem a Rabat, no Marrocos, passando por Roma e Madri; seu destino é a base militar do ELN de Ben M'Hidi, na fronteira. É vítima de um acidente de automóvel.
Julho: volta a Roma para tratamento hospitalar; tentativa de assassinato no hospital, por um comando da Main Rouge (serviço secreto francês).
Agosto: volta a Túnis para reuniões políticas do ELN.
Outubro: a editora de François Maspero publica *L'An V de la révolution algérienne* [O ano V da revolução argelina], sem a introdução redigida pelo autor. O livro é apreendido pela polícia três meses depois de sua publicação.

1960 Fevereiro: é nomeado embaixador itinerante do GPRA, sediado em Acra (Gana).
Abril: faz um discurso na Conferência de Solidariedade Afro-Asiática, em Conacri (Guiné), e na Conferência de Ação Positiva pela Paz e Segurança na África, em Acra.
Junho: fala na Conferência de Estados Africanos Independentes, em Adis-Abeba.
Setembro: assiste ao Congresso Pan-Africano de Léopoldville (Kinshasa) na República do Congo, recém-independentizado.
Outubro: voo de Acra para Monróvia. É informado de que o avião para Conacri está lotado e deverá embarcar em um voo da Air France; suspeitando de cilada, prefere viajar por estrada para Bamako. Escreve um diário de bordo quando vai para Mopti, Douentza, Gao e em seguida Tessalit, na fronteira argelina, para reconhecer uma possível rota de penetração do ELN na Argélia, pelo sul.
Volta para Acra e escreve "Les Laquais de l'impérialisme" ["Os lacaios do imperialismo"] para o GPRA (publicado em dezembro no boletim informativo da Missão Argelina em Gana).

Dezembro: volta a Túnis para exames médicos; é diagnosticada uma leucemia.

1961 Janeiro: assassinato no Congo de Patrice Lumumba. Fundação na Argélia da Organização Exército Secreto (em francês, OAS).
Primavera: temporada em Moscou para tratamento médico.
Abril: retorno a Túnis. Escreve *Os condenados da terra*. Escreve para Maspero, pedindo que Sartre faça o prefácio.
Maio: o artigo "De la violence" ["Da violência"] é publicado na revista *Les Temps Modernes*.
Durante o verão: faz conferências sobre *Crítica da razão dialética**, de Sartre, para as forças do ELN, na fronteira tunisiana.
Julho: viaja a Roma. Simone de Beauvoir e Claude Lanzmann vão encontrá-lo no aeroporto. Encontra-se com Sartre, com quem conversa durante três dias.
Último encontro com Édouard Glissant, em Roma.
Julho-setembro: Sartre escreve o prefácio de *Os condenados da terra*.
Outubro: viaja de novo a Roma, onde se encontra com Sartre pela última vez, depois voa para Washington para tratamento médico. Espera uma semana até ser admitido no Clinical Center of the National Institutes of Health, em Bethesda, Maryland (Washington).
Outubro: publicação de *Os condenados da terra* por François Maspero.
6 de dezembro: morre em Bethesda, Estados Unidos, aos 36 anos.
7 de dezembro: exemplares de *Os condenados da terra* são apreendidos pela polícia em Paris.

1962 3 de julho: proclamação da independência da Argélia.

1964 Publicação por François Maspero de *Em defesa da revolução africana: escritos políticos*.

---

* Trad. Guilherme João de Freitas Teixeira, Rio de Janeiro, DP&A, 2002. (N. E.)

Sobre o autor

Jones Manoel

Frantz Omar Fanon viveu de 1925 a 1961. Em apenas 36 anos de vida, o escritor brilhante e revolucionário enérgico marcou seu nome na história. Nasceu na Martinica, então colônia francesa no Caribe, em uma família de classe média que podia pagar por uma educação de qualidade, como a oferecida pelo Lycée Schoelcher, onde estudou e conheceu Aimé Césaire, professor da instituição. Como todo martinicano na década de 1940, Fanon se considerava um francês e não um colonizado sob o jugo do imperialismo. Quando a França foi ocupada pelos nazistas, milhares de marinheiros (brancos) se refugiaram na Martinica. A presença dos marítimos escancarou os sentimentos de superioridade racial dos franceses da metrópole em relação aos colonos e rapidamente um sistema de segregação racial foi montado, o que sujeitou a população nativa a todo tipo de humilhação e violência. Fanon alistou-se nas forças de resistência à ocupação, combatendo também o regime colaboracionista francês de Vichy. Durante a Segunda Guerra, lutando ombro a ombro com os Aliados contra o nazifascismo, percebeu que, do ponto de vista do colonizado, não existia muita diferença entre o francês colaboracionista do fascismo e o francês democrático: ambos o viam como um ser inumano.

Após a guerra, Fanon retornou a sua terra natal, estabeleceu ligações com o Partido Comunista Francês e ajudou na campanha eleitoral de Aimé Césaire, eleito prefeito de Fort-de-France e deputado da Assembleia Nacional Francesa pela Martinica. Em seguida, partiu para a França para estudar medicina e psiquiatria. Do período na metrópole resultou sua primeira grande obra: *Pele negra, máscaras brancas*. O livro, seu trabalho de conclusão de curso rejeitado pela banca, é um estudo crítico do racismo, que discute as dimensões subjetivas, psicossociais, culturais e de formação do ser em um sistema de dominação/exploração fundamentado na racialização. Construído com uma abordagem marxista, o texto estabelece intenso diálogo com o existencialismo sartreano, a psicanálise e a recepção francesa da obra de Hegel.

Depois de formado, Fanon realizou residência psiquiátrica com François Tosquelles, o que lhe permitiu aprofundar suas reflexões críticas sobre o biologicismo na psiquiatria e pensar uma clínica emancipatória e em diálogo com a práxis transformadora. Daí surgiram ideias que, muitos anos depois, teriam importante influência no movimento da Reforma Psiquiátrica ao redor do mundo, inclusive no Brasil. Em 1953, passou a trabalhar na Argélia, no hospital psiquiátrico Blida-Joinville. No país colonizado pela França, Fanon consolidou a transição de um estudioso/crítico do racismo e do colonialismo para um revolucionário anticolonial.

Em 1954, recém-chegado na Argélia, o doutor Fanon viu estourar a revolução nacional. Rapidamente, estabeleceu contato com os combatentes contra o colonialismo francês e passou a atender argelinos vítimas de toda brutalidade colonial, bem como torturadores da metrópole, atormentados pelos atos que estavam perpetrando. Em sua carta de demissão do hospital, em 1956, disse que "há já longos meses que a minha consciência é palco de debates imperdoáveis" e que "uma sociedade que encurrala os seus membros em soluções desesperadas é uma sociedade inviável, uma sociedade a ser substituída".

Coerente com sua produção teórica anterior, Fanon compreendia que só a práxis revolucionária pode construir o homem novo e destruir o colonialismo, e decidiu integrar-se totalmente à Frente de Libertação Nacional (FLN), um agrupamento revolucionário e plural – composto por uma gama que incluía desde marxistas até nacionalistas árabes – que conduzia a guerra de libertação da Argélia.

Tornou-se um revolucionário profissional, atuando em várias frentes: de cuidados médicos dos combatentes feridos a embaixador da FLN nos países da África Negra, propagandista e teórico da guerra de libertação nacional. Nessa época, realizou muitas conferências e discursos, escreveu artigos e ensaios e publicou com frequência no *El Moudjahid*, jornal da Frente.

Esse período de intensa atividade política e intelectual notabilizou Frantz Fanon como um dos principais pensadores do terceiro-mundismo, do pan-africanismo, do anticolonialismo e do marxismo periférico. Foi um marxista criativo, preocupado em compreender o capitalismo e sua superação a partir da periferia do sistema, onde a barbárie "passeia nua", como dizia Karl Marx.

No auge dessa atividade, Fanon descobriu que tinha leucemia. Como médico, sabia que lhe restava pouco tempo de vida e começou a trabalhar em seu último livro, *Os condenados da terra*. A obra foi um sucesso mundial e influenciou as lutas revolucionárias em todos os lugares – desde o gueto negro dos Estados Unidos, passando pela Revolução Iraniana, até guerrilhas comunistas na Índia e movimentos sociais no Japão. Destaca-se o famoso e polêmico prefácio de Jean-Paul Sartre ao livro, que contribui para seu sucesso global.

Com a derrota dos movimentos terceiro-mundistas, os descaminhos das revoluções de libertação nacional (que deram origem, na maioria dos casos, a regimes sem caráter emancipatório e de gestão neocolonial) e o fim do "campo socialista", a obra de Fanon perde o impacto político de outrora, passando depois a ser valorizada na universidade pelo prisma dos estudos culturais e da crítica pós-colonial. Mais recentemente, com a falência da promessa neoliberal e a intensificação das lutas na periferia do sistema capitalista, ocorre uma "redescoberta" da obra fanoniana, que prioriza a integridade de seu pensamento e seus aportes fundamentais e atuais para pensar a luta antirracista, anticolonial e anticapitalista no século XXI.

O corpo de Fanon foi carregado por soldados da FLN através da fronteira da Tunísia para ser enterrado na Argélia.

Publicado em 2021, 60 anos após o falecimento de Frantz Fanon, este livro foi composto em Adobe Garamond Pro, 11/14,3, e reimpresso em papel Pólen Natural 80 g/m², pela gráfica Rettec, para a Boitempo, com tiragem de 3 mil exemplares.